AF632103

TRANSFORMA TU PERSONALIDAD

Códigos para construir la mejor versión de ti mismo

DR. BENJAMIN HARDY

Dr. Benjamin Hardy

TRANSFORMA TU PERSONALIDAD

Códigos para construir
la mejor versión de ti mismo

edaf

www.edaf.net

MADRID – MÉXICO – BUENOS AIRES – SANTIAGO

2021

Diseño de cubierta: Marta Elza
Maquetación y diseño de interior: Diseño y Control Gráfico, S.L.

Editorial Edaf, S.L.U.
Jorge Juan, 68,
28009 Madrid, España
Teléf.: (34) 91 435 82 60
www.edaf.net
edaf@edaf.net

Ediciones Algaba, S.A. de C.V.
Calle 21, Poniente 3323 - Entre la 33 sur y la 35 sur
Colonia Belisario Domínguez
Puebla 72180, México
Telf.: 52 22 22 11 13 87
jaime.breton@edaf.com.mx

Edaf del Plata, S.A.
Chile, 2222
1227 Buenos Aires (Argentina)
edaf4@speedy.com.ar

Edaf Chile, S.A.
Avda. Charles Aranguiz Sandoval, 0367
Ex. Circunvalación, Puente Alto
Santiago - Chile
+56 2 2707 8100 / +56 9 9999 9855
comercialedafchile@edafchile.cl

Octubre de 2021

ISBN: 978-84-414-4112-5
Depósito legal: M-23310-2021

PRINTED IN SPAIN IMPRESO EN ESPAÑA

COFÁS

Para Lauren.

Gracias por apostar por mí cuando no tenía sentido y por seguir haciéndolo.

Sigue sin tener mucho sentido.

Te amo eternamente.

Que nuestro futuro sea siempre más brillante que nuestro pasado.

Elogios de TRANSFORMA TU PERSONALIDAD

«Benjamin Hardy es la prueba de lo que escribe: mejora cada vez más. ¡Tú también puedes!».

—Ryan Holiday, autor de *La quietud es la clave*

«*Transforma tu personalidad* es posiblemente el mejor libro de autoayuda que jamás haya leído, y un libro que redefinirá el género. Tras leer este libro, ya no es suficiente hablar de teorías no comprobadas. Ben respalda todo con historias increíbles y ciencia vanguardista probada, y al mismo tiempo hace que sea procesable por cualquiera. La mejor parte: este es el libro que destruye a todos los propagadores de inútiles pruebas de personalidad que infectan el mundo».

—Tucker Max, autor de *I Hope They Serve Beer In Hell*

«En *Transforma tu personalidad,* el Dr. Hardy destruye un paradigma anticuado y te indica el proceso para crear un futuro más grande y atrevido».

—JJ Virgin, autora de *The Virgin Diet*

«*Transforma tu personalidad* proporciona un mapa de carreteras robusto y respaldado por la ciencia para ayudarte a reescribir tus historias autolimitantes; y seguir escribiéndolas y editándolas para que sean exitosas a lo largo de todo el viaje de tu vida».

—Dr. Stevens G. Einsenberg, oncólogo y hematólogo

«Dada la importancia de este libro, debería vender millones de copias. Es innovador, oportuno y transformador».

—Joe Polish, fundador de Genius Network y Genius Recovery

«Este libro es generoso, empoderador e intencionado. Si estás listo, te ayudará a conseguir un futuro que te hicieron creer que no era posible. Vale la pena compartirlo con alguien que te importe».

—Seth Godin, autor de *Esto es marketing*

«*Transforma tu personalidad* es posiblemente el mejor libro de autoayuda que jamás haya leído, y un libro que redefinirá el género. Tras leer este libro, ya no es suficiente hablar de teorías no comprobadas — Ben respalda todo con historias increíbles y ciencia vanguardista probada y al mismo tiempo hace que sea procesable por cualquiera. La mejor parte: este es el libro que destruye a todos los vendedores de pruebas de personalidad inútiles que infectan el mundo».

—Tucker Max, autor de *I Hope They Serve Beer In Hell*

«En *Transforma tu personalidad*, el Dr. Hardy destruye un paradigma anticuado y te indica el proceso para crear un futuro más grande y atrevido».

—JJ Virgin, autora *bestseller* del *New York Times*

«Benjamin Hardy es la prueba de lo que escribe: mejora cada vez más. ¡Tú también puedes!».

—Ryan Holiday, autor de *La quietud es la clave*

«Para aquellos que quieren mejorar su vida, *Transforma tu personalidad* es más que una lectura fascinante y llena de esperanza, es totalmente aplicable. En el abarrotado mundo del negocio de la autoayuda, el libro de Benjamin Hardy es revolucionario».

—Richard Paul Evans, autor *bestseller* del *New York Times*

«*Transforma tu personalidad* ilustra hermosamente por qué las personas se quedan atascadas y proporciona un procedimiento con base científica para ayudarte a transformarte y a transformar tu vida. ¡Es lectura obligatoria para cualquiera que quiera mejorar su autoconciencia y éxito!».

—Dra. Tasha Eurich, autora *bestseller* de *Insight* y *Bankable Leadership* del *New York Times*

«*Transforma tu personalidad* es un trabajo sumamente brillante y una lectura obligatoria. Aborda el trauma y la adicción de manera esperanzadora e impactante. Puedes reescribir tu historia».

—Glenn Morshower, actor, productor y director galardonado

«El Dr. Hardy te explica el papel que desempeña el trauma en la formación de tu personalidad. El cambio es posible cuando se curan traumas pasados. La personalidad está en un estado de cambio continuo. Este libro te ayudará a escribir tu historia futura».

—Dr. Donald Wood, fundador y CEO del Inspired Performance Institute

Índice

Conclusión

Un cuadro nunca está terminado. Solo se
detiene en lugares interesantes.

—Paul Gardner[1].

INTRODUCCIÓN

Una prueba de personalidad casi arruina mi vida

Mi esposa, la mujer a la que más amo en el mundo y con la que he tenido cinco maravillosos hijos, casi no se casa conmigo... *por una prueba de personalidad.*

Cuando estaba en la universidad, había una prueba de personalidad muy popular llamada el Código de Colores, que clasifica a las personas en uno de entre cuatro colores. Los Rojos son los típicos emprendedores llevados por la ambición y el interés propio. Los Azules se dejan llevar por el corazón y se basan en las relaciones. Los Blancos son introspectivos y a menudo pasivos. Los Amarillos buscan la diversión y son el alma de la fiesta.[1]

Lauren era Roja. Por lo que, cuando en su familia se enteraron de que yo era Blanco, se preocuparon mucho. Lauren había estado casada previamente con un hombre abusivo y egocéntrico, que también era Rojo. Dado su interés en mí, sus padres pensaron que estaba yendo en una dirección completamente opuesta para compensar. O que estaba siendo excesivamente cautelosa para evitar el trauma de su matrimonio anterior.

Como muchos otros que creen en las pruebas de personalidad, la familia de Lauren consideró que el Código de Colores tenía algo de validez y veracidad. Veían a las personas a través de la lente de la prueba, es decir, como uno de los cuatro tipos.

«Si este tío es Blanco, y ella Roja, lo va a pisotear» fue su genuina preocupación. «Necesita a un hombre de verdad, no un Blanco».

Ella se preguntaba lo mismo. ¿Funcionarían juntos una Roja y un Blanco? A los Blancos raramente se les ascendía en el trabajo. Los Blancos eran unos pusilánimes. Los Blancos eran soñadores, pero no se atenían a objetivos a largo plazo.

Por suerte, Lauren me dio una oportunidad. Pudo conocerme, y tras estar juntos un tiempo en una gran relación, dio un salto de fe contra su prejuicio sobre los Blancos y las preocupaciones iniciales de sus padres.

Lauren y yo nos reímos de esto ahora, felizmente casados, con cinco hijos y con catorce años de educación formal combinada en psicología más tarde. Pero la realidad es que *una prueba de personalidad casi arruina nuestra vida juntos.*

No soy el único al que diagnosticaron mal o al que injustamente limitaron por una prueba de personalidad. De hecho, posiblemente tú también hayas sido víctima de esta epidemia. El Código de Colores es uno de los muchos sistemas de clasificación «de personalidad» populares difundidos en la cultura moderna. Otros culpables importantes son el inventario tipológico Myers-Briggs, el perfil de comportamiento DISC, la prueba de personalidad de Winslow, el NEO, el HEXACO, la prueba de Birkman, la del Eneagrama, la prueba de Rorschach y más.

La lista sigue y no para. No parará. Parece que se conciben cientos de pruebas nuevas cada día.

La obsesión con la «personalidad» es tan ridícula que en 2019 Facebook tuvo que prohibir los exámenes de personalidad[2] y otras aplicaciones de «utilidad mínima». Esto ocurrió después de que más de 87 millones de personas hubiesen dado su información personal a cambio de la respuesta de un examen de personalidad.

Las pruebas de personalidad pueden ser interesantes, entretenidas y alegres, sí. Pero tienen un lado oscuro, y toda la noción de «personalidad» en general, la cual limita —y en algunos casos *arruina*— la vida de innumerables personas.

La perspectiva convencional es que tu personalidad es el tú auténtico y real. Tu personalidad es «innata» y, en su mayor parte, *inmutable*. Como resultado, tu trabajo como ser humano es recolectar suficiente información y experiencia —encontrar la prueba de personalidad adecuada— con el fin de «descubrir» adecuadamente tu personalidad «oculta».

Una vez que hayas hecho este descubrimiento de suma importancia, estarás entonces habilitado para crear tu vida en torno a esa personalidad. Puede que esta vida que construyas no sea la que hubieses elegido para ti, pero es la que has nacido para vivir. Es la mano que te han repartido. Hacer cualquier cosa de otra manera sería desastroso, doloroso y delirante.

En todo ello subyace la suposición de que *has nacido «programado» para ser la persona que eres, y que no puedes cambiarlo.*

Sin embargo, la verdad es que prácticamente todo el mundo quiere cambiar su personalidad, y lo quieren hacer para bien. Un estudio reciente de la Universidad de Illinois lo demuestra. Más del 90 % de las personas manifiestan no estar satisfechas con algún aspecto de su personalidad, que esperan poder mejorar.[3]

A pesar de querer cambiar, se ha hecho creer a la gente que esto no es posible. Muchas escuelas de psicología famosas sostienen que la personalidad es innata, inmutable y fija.

La razón por la que se considera que la personalidad es fija se debe a que, como regla, los psicólogos ponen un énfasis y un valor extremos en el pasado. Un principio fundamental de muchas de las teorías de la personalidad es que *el pasado es el mayor predictor del futuro*. Esto se debe al punto de vista común del «determinismo causal», la idea de que todo lo que pasa o existe está causado por condiciones o eventos previos.[4] Desde este punto de vista, las personas están *causadas* por eventos previos, como una ficha de dominó en una cadena que se derrumba.

Aquí, la palabra «causada» es extrema: no «influida» ni «guiada», sino «causada». Estar «causado» por el pasado significa que no tienes ninguna elección o posibilidad respecto a quién eres y qué puedes hacer. Al contrario, estás obligado a aceptar la personalidad que te haya tocado, sea cual sea. La persona que eres ahora mismo es simplemente una ficha de dominó que se desploma por tus experiencias pasadas. No puedes cambiar el pasado. Solo puedes *descubrir* y entender mejor quién eres *realmente* y por qué.

Es por eso por lo que las personas procuran descubrirse o «encontrarse» a sí mismas. Están buscando quiénes son «ellas». Para la mayoría, la noción de que puedes imaginarte y crearte a ti mismo y tu propia personalidad suena casi ridículo, como un pensamiento mágico.

Pero ¿tiene que ser de esta manera? ¿Es tu personalidad realmente fija e inmutable?

No, no lo es. Y hay mucha información, sobre todo información recientemente descubierta,[5] que lo demuestra.

Si eres alguien que ha intentado hacer grandes cambios en su vida, pero te sientes atascado o desanimado, entonces este libro es para ti. El planteamiento de este libro es que tu «personalidad» *no importa*. Es más, tu personalidad *no* es el aspecto más fundamental de quién eres. Al revés, esta es *superficial*, transitoria y subproducto de algo mucho más profundo.

El aspecto fundamental de tu humanidad es tu habilidad para tomar decisiones y mantenerlas, lo que Viktor Frankl llamó la última de las libertades humanas:[6] «Elegir nuestro propio camino». Elegir tu propio camino tiene por lo menos dos significados fundamentales: decidir lo que quieres que suceda y decidir cómo responder a lo que suceda. Elegir nuestro propio camino es lo que nos hace humanos, y cuanto más asumas tu propia toma de decisiones, más control tendrás sobre tu vida y tus resultados.

Tomar decisiones y «elegir tu propio camino» no son cosas necesariamente fáciles. Hay restricciones que limitan e influencian considerablemente tu habilidad para elegir. Los dos factores cruciales que influyen sobre dicha habilidad son tu entorno social y cultural, así como tu desarrollo emocional como persona. Cuanto más evolucionado emocionalmente te vuelvas, menos definido estarás por tu pasado y menos atado te verás por tus circunstancias.[7]

En vez de ser fijo, *serás flexible*. En vez de evadir o suprimir tus emociones, las aceptarás y te transformarás a través de ellas.

Buscarás valientemente la vida que *realmente* quieres, sin importar lo «imposible» o difícil que pueda parecerte a ti o a los que te rodean en este momento. Lidiarás con cualquier emoción, lección o desafío que se presenten a lo largo del camino. Te transformarás como persona a través de tu aprendizaje y experiencia. Tus circunstancias cambiarán.

A partir de este momento en adelante, te puedes olvidar de «tipos» y pruebas de personalidad absurdos. En su lugar, puedes decidir quién te comprometes a ser y en quién quieres convertirte.

En quién te conviertes es una decisión, una que *solo tú* puedes tomar. Albus Dumbledore, el mago sabio de los libros de *Harry Potter*, de J. K. Rowling, lo entendió. Cuando Harry Potter estaba buscando orientación, intentando comprender por qué el Sombrero Seleccionador le sugirió que se uniese a la casa Slytherin, Dumbledore le explicó: «Son nuestras elecciones, Harry, las que muestran quiénes somos realmente, mucho más que nuestras habilidades».[8]

Harry Potter no «había nacido» para ser un Gryffindor. No tenía la personalidad innata de un Gryffindor. Eligió ser uno de ellos, y esa elección y las experiencias que vinieron a continuación dieron forma a su personalidad.

Aunque Albus es un personaje ficticio, su lección es fundamental para entender la verdad de la personalidad. Te conviertes en quien tú quieres ser. Sin embargo, *elegir completamente* quién eres y quién serás es raro. Nos han lavado el cerebro para que creamos que no tenemos dicha elección. Afrontar la responsabilidad y la libertad de elegir tu propio camino da, ciertamente, miedo.

Ese miedo y riesgo son la razón por la que muchas personas prefieren que un Sombrero Seleccionador simplemente tome la decisión por ellas, para decidir cuál es su destino. Es por eso por lo que las personas supeditan sus decisiones, su potencial y su identidad a medidas externas. Es mucho más fácil emocionalmente tener una base en la que apoyarse —«Oh, sí, esto es incómodo, no debe de ser para mí»—, aunque esa base limite tu libertad, visión y creatividad.

La creatividad es un negocio arriesgado. Requiere vulnerabilidad y coraje, con una alta probabilidad de errores y fracasos a lo largo del camino. No hay resultado garantizado con la creatividad y el coraje. Además, la creatividad puede ser impredecible y te puede llevar a lugares a los que inicialmente no esperabas ir. Por lo tanto, no es sorprendente que la mayoría de las personas se vean a sí mismas cada vez menos creativas a medida que envejecen: queremos que las cosas sean estables y predecibles. Tampoco es sorprendente que prefiramos que nos digan lo que podemos (y lo que *no podemos*) hacer en vez de enfrentarnos a los riesgos de *crear algo nosotros mismos* y a nuestra propia experiencia.

Cuando decides quién vas a ser y qué vida vivirás, puedes tener cualquier cosa que realmente desees. Puedes convertirte en un caso aparte. Puedes tener experiencias que no solo impresionarán a otras personas, sino que también te impresionarán a ti. «¿Realmente me está pasando esto a mí?» se convertirá en una experiencia habitual.

Sí, realmente te está pasando. Alucinante, ¿verdad?

Estás avanzando y actuando con audacia e intención. Has dejado de limitarte basándote en lo que ha pasado. Te estás volviendo cada vez más seguro en tu habilidad de visualizar algo en tu cabeza y ver a continuación cómo se desarrolla poco a poco en la experiencia. Te vas a ver rodeado por otros que viven con creatividad e intención, en lugar de con desidia y pasividad.

No tienes que estar limitado por lo que los demás digan que puedes tener o conseguir. Si quieres ser alguien más seguro de sí mismo y creativo, o más extravertido y organizado, puedes conseguirlo. Si eres tímido pero quieres ser un líder poderoso, atrevido e inspirador, puedes serlo.

Stacy Salmon, una amiga mía, me contó cómo aprendió esta verdad durante una clase de catequesis cuando tenía trece años. Cuando era una niña, Stacy era vergonzosa, tímida y torpe. Ese día, el catequista les explicó a los niños que podían convertirse en lo que quisiesen; que desarrollarían los atributos que admiraban en otros.

Stacy absorbió esta idea, y desde ese momento *dejó de ser tímida frente a otras personas*. Dejó de esconderse detrás de sus padres en eventos sociales. Dejó de bostezar con desmaña para evitar llamar la atención cuando alguien le hacía una pregunta. Y en más de veinte años transcurridos desde esa experiencia, no ha dejado de desarrollar habilidades, aprender de los demás y crecer como persona. Ahora, a sus treinta y tantos, Stacy sigue procurando crecer y aprender, y desarrollar cualidades y características que quiere o que admira en otros. Ya no es una niña tímida. Es segura e intencionada.

Esa es la verdad de la personalidad. No es innata, sino intencionada. Puede cambiar y, en efecto, cambia. Puede y debe ser elegida y diseñada. Elegir nuestro propio camino es un propósito primordial en nuestras vidas. Sin embargo, hay miedo a tomar decisiones, ya que estas tienen consecuencias. De resultas, las personas evitan decidir, fracasan a la hora de elegir su propio camino y limitan su capacidad de crecer, aprender y cambiar.

Cualquier persona que haya hecho alguna vez algo grande en su vida tuvo que transformarse de lo que era a lo que llegó a ser. Tuvo que ver algo nuevo en su mente y convencerse de que era posible. Tuvo que actuar valientemente, más allá de su personalidad y circunstancias, para finalmente hacer lo que hizo y convertirse en quien acabó por convertirse.

Los demás pueden considerar a los que tienen mucho éxito[9] o son muy influyentes como «diferentes» o «especiales». Pero si preguntas a aquellos que realmente lo consiguieron, te dirán que son bastante corrientes, y que la vida que han construido fue una cuestión de elección.

Con el fin de convertirte en una persona nueva, debes tener un objetivo nuevo; un propósito que valga la pena perseguir. Tu objetivo es la razón por la que desarrollas nuevas cualidades y habilidades, y por la que has vivido experiencias transformadoras. Sin un objetivo significativo, intentar cambiar carece de significado, requiere una fuerza de voluntad insostenible y al final te conduce al fracaso.

El pasado no es un prólogo

Lo único «especial» en aquellos que se transforman a sí mismos y sus vidas es la perspectiva que tienen de su futuro. Se niegan a estar definidos por el pasado. Ven algo diferente y más significativo y nunca dejan de alimentar esa visión. Sostienen cada día esa visión de fe y esperanza y avanzan valientemente en esa dirección, aun con muchos fracasos y dolores. Con cada paso hacia adelante, su confianza crece y su identidad se hace más flexible y menos constreñida por lo que fue.

Puedes ser el narrador de la historia de tu vida. No tienes que estar definido por el pasado. No importa cuáles fueron tu identidad pasada o tus resultados.

«El pasado es el prólogo»[10] es una frase de *La tempestad*, de William Shakespeare, pronunciada por Antonio, un personaje manipulador y sediento de poder, para argumentar que todo lo que había pasado previamente —el «pasado»— se los llevó a Sebastián y a él a hacer lo que estaban a punto de hacer: cometer un asesinato. Parecía que no tenían elección. Eran fichas de dominó, no agentes.

Las personas utilizan el pasado como excusa para permanecer atascadas en hábitos y actitudes que no les permite crecer. Además, al igual que Sebastián, las personas usan a menudo el pasado como la razón de tropiezos previos o continuados. Echarle la culpa al pasado significa que estás libre de culpa. No eres responsable y no tienes capacidad de acción personal.

Pero, como descubrirás una y otra vez en este libro, tu pasado *no* es un prólogo. El pasado no es la característica definitiva de quien eres. No estás «causado» por tu pasado.

Tu personalidad se transforma.

Las personas más exitosas del mundo basan su identidad y su narrativa interior en su futuro, *no en su pasado*. Por ejemplo, Elon Musk habla a menudo de querer vivir el final de su vida en Marte.[11] El ser humano aún no puede viajar a Marte. Pero morir en Marte es la historia que Musk cuenta sobre su futuro. Ese es el propósito que da forma a su identidad, a sus acciones y decisiones.

Sea lo que sea lo que pienses de él, Elon Musk está centrado en hacia dónde *se dirige* como persona, completamente en su futuro, no en su pasado. Su atención, su energía y su narrativa se basan en el futuro que está creando.

No le oyes hablar de «los días de PayPal». No le ves limitado por lo que ha hecho o por aquello en lo que ha fracasado previamente. Ni siquiera le oyes hablar de su pasado, a no ser que le hayan preguntado explícitamente.

Es de esta manera en la que las personas exitosas viven: *se convierten en quien quieren ser orientando sus vidas hacia sus objetivos, no como una repetición del pasado*; actuando valientemente como sus versiones futuras, y no perpetuando quienes eran antes.

Este libro te mostrará cómo convertirte en quien quieres ser, sin tener en cuenta quién has sido. Te enseñará todo lo que necesitas saber sobre por qué las personas se quedan atascadas en patrones dañinos, y te proporcionará estrategias factibles y basadas en la ciencia para elegir de manera proactiva lo que quieres, y luego crearlo en tu vida.

En *Zen y el arte del mantenimiento de la motocicleta*, Robert Pirsig escribió: «El acero puede adoptar cualquier forma que desees si eres lo suficientemente hábil, y cualquier forma salvo la que quieres si no lo eres»[12].

Con este libro aprenderás cómo se forma la personalidad y cómo puedes y debes ser tú mismo el que le dé forma. Aprenderás a ser el arquitecto y forjador de tu personalidad, para así ser capaz de darte forma a ti mismo según quién decidas ser. Concretamente, *Transforma tu personalidad* te ayudará a:

- Descubrir los mitos sobre la personalidad que limitan el potencial de la mayoría de las personas.
- Decidir por ti mismo la vida que quieres vivir, sin tener en cuenta lo diferente que sea de tu pasado o presente.
- Volverte emocionalmente flexible para que tu pasado deje de definirte.
- Replantear los traumas y vivir como si todo en tu vida pasase *para* ti, no *a* ti.
- Volverte lo suficientemente seguro de ti mismo como para poder definir el propósito de tu propia vida.
- Crear una red de «testigos empáticos» que te animen activamente a seguir hacia delante a través de tus altibajos.

- Mejorar tu subconsciente para superar adicciones y patrones limitantes.
- Rediseñar tu entorno para que te haga avanzar hacia tu futuro, en vez de mantenerte atascado en el pasado.

En pocas palabras, este libro te ofrece la ciencia y la estrategia para que nunca más te quedes atascado en una identidad o patrón otra vez. Aprenderás el camino más directo, simple y efectivo para cambiar y crecer. Es un proceso científico probado que puedes amaestrar y aplicar en tu vida para garantizar que tu pasado no te vuelva a atrapar o condicionar más.

Seamos claros: no vale solo con desear decidir y crear un futuro más grande. Tendrás que afrontar verdades incómodas que has estado evitando y hacerte responsable de tu propia vida. Lo que actualmente impide que tus sueños se hagan realidad es un trauma enterrado que te tiene atrapado en tu pasado, apagando tu confianza e imaginación. Es cierto que el trauma se produce en forma de grandes eventos que alteran la vida. Pero lo más frecuente es que el «trauma» esté plantado en incidentes y conversaciones menores que limitan tu visión de quién eres y de qué puedes hacer, creando un modo de pensar fijo.

Esto no puede ignorarse. Debemos abordarlo.

Además, tienes un entorno social que apoya tu identidad y patrones actuales o pasados en vez de empujarte a evolucionar y convertirte en algo más.

Este libro te desafía a hacerte responsable de ti mismo. La cuestión es que basar tu vida en pruebas de personalidad, o en cualquier otra medida externa, es elemental y perezoso. Sí, es útil cuando estás creciendo, como orientación y guía; pero lo fundamental para madurar es tomar tus propias decisiones, definir un propósito significativo para ti y elevarte a ti mismo y a otros a través de él.

Si te tomas la moda de la personalidad en serio, perderás la habilidad para elegir. Le entregarás la responsabilidad de tu pasado y futuro a algo que es externo a ti. En vez de buscar el cambio, limitarás tu potencial de cambio. En vez de centrarte en lo que puedes hacer para mejorar tu vida, simplemente tratarás de descubrir o comprender por qué estás discapacitado o limitado. En vez de mejorarte, te resignarás a aceptarte simplemente tal y como eres «realmente».

En el fondo, sabes que todo eso es una tontería. En el fondo, quieres más para ti. Quieres creer que puedes hacer cambios en tu vida, incluso cambios radicales.

Puede que hayas perdido la esperanza de que esto te sea posible.

Pero si realmente quieres cambiar tu vida de manera rotunda y decidida, entonces este libro te enseñará cómo.

¿Por qué escuchar al doctor Benjamin Hardy?

El hecho de ser yo «Blanco» según el Código de Colores no fue lo único que tuve en mi contra cuando estaba intentando salir con mi mujer. También resultó que la mejor amiga de Lauren se casó con un tipo que fue al instituto conmigo. Le aconsejó encarecidamente que no saliese conmigo. Y por una buena razón.

La persona que fui en el instituto no era alguien con quien recomendaría ir a una cita, y mucho menos casarse. Pero ya no era la misma persona que fui entonces. Ni siquiera siento que fuésemos del mismo universo.

En el instituto, yo era un joven muy traumatizado y confundido. Mis padres se habían divorciado cuando tenía once años, y el dolor que ello provocó llevó a mi padre a una profunda drogadicción. A lo largo de los años, su hogar se convirtió en un sitio extraño y oscuro, repleto de drogadictos. Mis hermanos pequeños y yo vivimos con mi padre hasta que resultó demasiado imprevisible e insalubre seguir allí. Durante el primer curso de bachillerato, nos mudamos a casa de mi madre, que nos amaba profundamente pero que estaba ocupada tratando de dirigir una empresa con su hermana y mantener a otros miembros de la familia.

Era el mayor de tres hermanos, y nuestras vidas se volvieron completamente desestructuradas e inseguras. Me sentía como si pisase sobre arena, sin seguridad ni estabilidad en nada de lo que me rodeaba. Naturalmente, empecé a rodearme de chicos que también estaban pasando por algún trauma o dificultad. Aunque no éramos chicos malos, a menudo acosábamos y nos burlábamos de otros. Nos metimos en algún problema inofensivo. Más que nada, no teníamos estabilidad ni fundamento. Jugábamos a la consola todo el día, practicábamos *skateboard* y *snowboard* y no hacíamos nada productivo.

Casi no llegué a graduarme, habiendo faltado a tantas clases que me obligaron a plantar un árbol en el recinto escolar y a prestar servicios comunitarios para compensar mis ausencias. Al año siguiente de terminar el instituto, viví en casa de mi primo, durmiendo en su *lovesac*, sin hacer nada con mi vida. No tenía trabajo y había abandonado el centro de estudios superiores después de dos semanas. Era demasiado para mí. No tenía ética laboral ni visión de futuro, ni confianza ni habilidad para comprender los libros de texto. *World of Warcraft* fue mi válvula de escape.

Hacia los veinte años, decidí dejar mi ciudad natal y servir en una misión eclesiástica. Estaba harto de cómo iba mi vida y quería empezar de nuevo. Esta experiencia de dos años lo cambió todo. Volví siendo una persona distinta, con capacidades mejoradas y una poderosa visión de futuro.

La época en la misión fue la primera vez en mi vida en que me sentí libre de ser quien yo quisiese. No estaba constreñido por mi pasado ni por mi entorno. Tenía un enfoque y un propósito singulares, lo que me permitió crear una nueva identidad con un comportamiento y enfoque nuevos. Me comprometí desde el primer día a ser el mejor misionero que pudiese, un ejemplo y un líder. Fue la situación ideal para reinventarme a mí mismo.

Y eso es exactamente lo que hice.

Aprendí a procesar y transformar mi trauma. Lo conseguí leyendo más de cien libros, rellenando montones de diarios, teniendo conversaciones abiertas sobre mi doloroso pasado con amigos afectuosos y líderes que me alentaban, y especialmente sirviendo y ayudando a otros a mejorar sus vidas. Estuve dos años ayudando a otras personas a superar sus problemas, lo que me permitió ver y experimentar cosas que cambiaron completamente mi manera de ver el mundo y la vida en general.

Comprendí lo infinita que es la vida, y cuán alejados están muchos de las realidades del mundo.

Esto me despertó.

Cuando volví a casa, sabía lo mucho que había cambiado y también noté que mi familia y mis amigos no podían entender ese cambio. Decidí ir a una universidad distinta a la de mis amigos del colegio, donde nadie conociese mi pasado y me tuviese atrapado en su percepción de mi yo anterior.

Pasé volando de principio a fin la universidad en tres años, me casé con la chica de mis sueños y me aceptaron en un programa de doctorado de alto nivel en psicología organizativa. Empecé mi doctorado en el otoño de 2014, y durante mi primer año gané 13 000 dólares como asistente administrativo de posgrado.

En enero de 2015, Lauren y yo nos convertimos en padres de acogida de tres chicos: Kaleb, Jordan y Logan. También a principios de 2015, empecé a escribir un blog en *línea* y a compartir mis conocimientos sobre psicología y cambio personal. Mi trabajo despegó inmediatamente, llegando a millones de personas en los primeros meses. A lo largo de los tres años siguientes, de 2015 a 2018, fui el escritor número uno del mundo en Medium.com, una de las plataformas en línea más grandes del momento.

En febrero de 2018, tras años de lucha contra el sistema de acogida en los tribunales, pudimos adoptar a Kaleb, Jordan y Logan. Menos de un mes después de la adopción, Lauren quedó embarazada de gemelos, que nacieron en diciembre de ese mismo año. Pasamos oficialmente de cero a cinco hijos en un año natural. Fue de locos. Pero esa era la vida que habíamos elegido y seguimos eligiendo. Nuestra visión y propósito compartidos allanan un camino con una curva de crecimiento muy pronunciada, nada fácil, pero increíblemente significativa y profunda.

A principios de 2019 terminé mi doctorado, y millones de personas siguen leyendo mis escritos en línea todos los meses. Pasé de ser un marginado que dormía en el sofá de otra persona a dirigir un negocio exitoso de siete cifras y ser padre de cinco chicos haciendo exactamente lo que os voy a explicar en este libro.

A pesar del hecho de que mi trabajo y mi educación me han demostrado que las personas pueden cambiar, y lo hacen, la mayor evidencia de las ideas de este libro es *mi propia vida*. No pretendo ser un gurú sobre un escenario. Soy una persona corriente que experimenta una vida humilde y transformadora. Quiero ayudarte a hacer lo mismo, sea lo que sea lo que ello signifique para ti o lo que te parezca.

Realmente no importa cómo ha sido tu pasado. No importa lo que diga una estúpida prueba de personalidad o lo que piensen tus compañeros de instituto sobre ti.

Lo que importa es *quién quieres ser tú*.

Lo que importa son *las decisiones que tomes*.

Si alguna vez te has preguntado si realmente puedes cambiar, la respuesta es *¡sí!*

Independientemente de quién hayas sido, ya no tienes que seguir siendo *esa persona*. Como pronto descubrirás, en realidad ya no eres esa persona, y no lo serás en el futuro. Tu personalidad cambia a lo largo del tiempo independientemente de tu intención. Pero una vez que sea intencionado, tu nivel de cambio será dramático y dirigido, y no aleatorio. Como explicó la actriz Lily Tomlin, mirando hacia atrás en su vida y su carrera: «Siempre quise ser alguien, pero ahora me doy cuenta de que debería haber sido más específica».

Te vas a convertir en *alguien*. Eso es seguro. La pregunta es: *¿Quién vas a ser?* ¿Y cuán específico e intencionado vas a ser en ese proceso de creación?

Cuanto más específica sea la visión, más claro será el camino y más potente será la motivación. Elige el propósito y luego entrégate con toda tu alma. Llegado el momento, te transformarás.

Tú eres quien elige en quién te conviertes, y no una prueba de personalidad ni tu pasado.

¿Quién elegirás ser?

Este es *el* libro que te mostrará la manera más efectiva para convertirte intencionada y estratégicamente en la persona que tienes intención de ser y que eliges ser. Si he hecho bien mi trabajo, experimentarás altas dosis de emociones a lo largo de tu lectura. Las emociones son la puerta de entrada al cambio y la transformación. Si experimentas resistencia a través de su lectura, anímate. Estás a punto de enfrentarte a la verdad de quién eres.

¿Estás listo para descubrir la verdad sobre la personalidad?

Abróchate el cinturón. Estás a punto de escuchar algo que nunca has oído antes. Algo que podría cambiar tu vida.

CAPÍTULO 1

Los mitos sobre la personalidad

Los seres humanos son obras en curso[1] que creen erróneamente que están terminadas.

—Dr. Daniel Gilbert

En 2012, Vanessa O'Brien estaba metida hasta las rodillas en el barro en medio de la selva del valle de Sugapa. Ella y un pequeño grupo de exploradores estaban intentando llegar a la cumbre de la pirámide de Carstensz, que, a 4884 metros (16 024 pies) sobre el nivel del mar, es la montaña más alta de la isla de Nueva Guinea.

Arrastrándose por el barro, golpeándose la cara con ramas duras, cortándose y magullándose, trepando árboles enormes con su poco más de metro y medio de altura, intentando levantarse e inmediatamente encontrándose bocabajo en el barro, Vanessa estaba llorando. Pero no solo llorando. Estaba sufriendo una auténtica crisis nerviosa y de identidad.

En medio de esta crisis nerviosa, la psicología de Vanessa empezó a desbaratarse. Su visión del mundo, incluida la de ella misma, empezaron a desmoronarse. Para alguien acostumbrado a tener éxito, pasaron unos pensamientos muy oscuros por su cabeza:

Nada va a mejorar para mí.
Solo va a empeorar.
Con cada paso que doy parece que estoy retrocediendo.
Todo lo que hago está mal.
¿Por qué no puedo hacerlo?
¿Qué demonios?

La dificultad, el dolor y la frustración tan grandes que estaba experimentando Vanessa la empujaron fuera de su marco de referencia. Todo lo que creía saber ahora parecía falso. Su identidad no estaba tan clara como lo había estado antes. El mundo y la vida le parecían confusos.

Todo lo que podía sentir era dolor y tortura.

Su ego y su identidad se quebraron. El resultado de esta experiencia —que al final terminó existosamente en la cumbre— fue que ya no era la misma persona.

Oliver Wendell Holmes Jr. dijo: «Una mente ensanchada por una nueva experiencia no puede volver a sus antiguas dimensiones».

Para Vanessa O'Brien, la expansión de su mente e identidad no fue un hecho singular, sino una ocurrencia común a lo largo de una década.

Durante la mayor parte de su vida, Vanessa había sido considerada comúnmente una personalidad de tipo A. En 2009, trabajaba con éxito en el sector financiero. Siendo una mujer centrada en su carrera, podría haber descrito su vida como «muy predecible». En su mundo apenas había cambios.

Lo único en lo que Vanessa pensaba realmente era en su trabajo y en alcanzar el siguiente peldaño de la escala corporativa. Su mayor entusiasmo eran las dos semanas de vacaciones que se tomaba con su marido, en las que practicaban turismo y submarinismo.

Avancemos hasta 2019, cuando Vanessa tiene una personalidad totalmente distinta. Su vida ya no encaja dentro de los estrechos límites de sus objetivos profesionales. En lugar de ser impulsada por lo que ella habría considerado su «carrera» o incluso sus «objetivos», ahora está «impulsada por propósitos».

Si hubieses tenido una conversación con Vanessa en 2009, le habrías oído hablar mucho de su carrera. Probablemente no te habría preguntado nada sobre ti. Si no pertenecías al sector financiero, no habría habido mucho de lo que hubiérais podido hablar. Lo más seguro es no hubiese estado interesada en ti. Dado que su trabajo era su vida, no te habría concedido mucho tiempo, porque estaba bastante ocupada.

Si tuvieras una conversación con Vanessa en 2019, la oirías hablar mucho sobre el estado del planeta. Oirías hablar del deshielo de los glaciares. Oirías hablar del potencial humano y de cómo no solo tenemos la capacidad como personas de cambiar nuestras vidas, sino que también tenemos la responsabilidad de salvar nuestro planeta.

Durante esa conversación, Vanessa te haría muchas preguntas sobre *ti*. Se interesaría por lo que te importa y lo que te impulsa. Estaría abierta y dispuesta a responder a tus preguntas. No tendría prisas, sino que estaría totalmente presente en ese momento. Te sentirías inspirado y en paz en su presencia.

Si Vanessa hubiese tenido que someterse a una prueba de personalidad en 2009, todas sus respuestas habrían estado centradas en ella y orientadas a su única prioridad en la vida: su carrera. Habría tenido una puntuación muy alta en escrupulosidad y extraversión, y baja en apertura a nuevas experiencias, simpatía y neuroticismo.

Las pruebas de personalidad son en general autodiagnosticadas. Y es probable que Vanessa se viese a sí misma como alguien emocionalmente estable, dado que raramente salía de su zona de confort. Como ella misma expresó, su vida y su rutina eran muy predecibles. Además, es probable que se viese como extravertida, dadas las exigencias sociales necesarias para ascender en el escalafón de la empresa.

En vez de ensimismada, la Vanessa de 2019 está mucho más orientada hacia los demás. Antes, solía anhelar ser el centro de atención y la estrella. Ahora prefiere ser la última del grupo en una gran escalada, asegurándose de que todos en su equipo lleguen sanos y salvos a la cima. En vez de tener un camino bien trazado hacia el futuro, como la Vanessa de 2009, trepadora y de pensamiento lineal, la de 2019 describiría su futuro como más «incierto».

No es que no tenga objetivos o ambiciones. De hecho, sus objetivos son en realidad más grandes y su propósito más claro que nunca. Sin embargo, sus objetivos no están definidos solo a su medida. En lugar de ascender por un único camino monótono, Vanessa cruza ahora horizontalmente múltiples fronteras por un camino que ella misma está abriendo.

Está trazando el mapa de territorios que ni ella ni nadie más ha trazado antes. No deja de asumir nuevos retos y de probar cosas por primera vez en su vida. Por ejemplo, actualmente está escribiendo su autobiografía, en la que detalla la historia de cómo pasó de ser una arribista empresarial a una alpinista reconocida mundialmente, con múltiples récords Guinness. Dirige y está involucrada en varias organizaciones. Viaja por el mundo dando charlas.

Su fascinante y apasionante vida no es solo risas y buen tiempo. Al dedicarse constantemente a su trabajo y a actividades nuevas y diferentes, experimenta un espectro de emociones mucho más amplio. Algunos días son extremadamente dolorosos, complejos y confusos. Otros días, sin embargo, como cuando está en la montaña, solo pueden describirse como un éxtasis, profundamente significativos y de una felicidad absoluta.

Por lo tanto, si Vanessa tuviese que someterse a una prueba de personalidad de cinco factores en 2019, sus respuestas serían muy diferentes a las que habría dado en 2009. Al haber renunciado a su camino, estrictamente definido por objetivos profesionales, en favor de asumir nuevos retos, empujándose más allá de sus límites, posiblemente puntuaría más alto en neuroticismo, en tener una actitud más receptiva hacia experiencias nuevas y en simpatía; y más bajo en meticulosidad y extraversión. Ahora atesora su solaz más que nunca, a pesar de estar más y mejor conectada con los demás.

Recuerda que las pruebas de personalidad son *autodiagnosticadas*. Nuestra visión de nosotros mismos cambia constantemente en función de nuestro enfoque, contexto y emociones.

La vida de Vanessa dista mucho de ser lo predecible y constante que fue antaño, y eso le hace ser una persona más fluida, abierta y adaptable. Su propósito a gran escala la ha involucrado en actividades, proyectos, relaciones y situaciones que no podría haber planeado de antemano. Pero está comprometida —ferozmente comprometida—, y por lo tanto dispuesta a hacer lo que sea posible para que ese propósito vaya hacia adelante.

El *propósito* de Vanessa, y no su personalidad, es el factor que determina lo que puede hacer y lo que hace. Además, al buscar su propósito incesantemente, su personalidad ha cambiado drástica y dramáticamente y seguirá cambiando.

Según el futurista, autor y fundador de XPRIZE, Peter Diamandis: «Un único individuo impulsado por un propósito puede cambiar el mundo. Y tú puedes cambiar el mundo. Realmente lo creo».

Diamandis llamó a esto MTP o *Massively Transformative Purpose* (en español, «Propósito Enormemente Transformativo»). La idea es simple: tienes un propósito tan grande e inspirador, que buscarlo transforma tu vida por completo. Tú eres el que selecciona y elige dicho propósito. Te vuelcas en él. Lo gritas a los cuatro vientos. Te cambias a ti mismo y tu vida por él. Mejoras el mundo a través de él. Desde la perspectiva de Diamandis, y la mía, se puede y se debe tener un MTP, al igual que uno profesional u organizativo.

Un solo día en la vida de la Vanessa de 2019 sería incomprensible para la Vanessa de 2009. Lo que es «normal» para la Vanessa de 2019 sería increíblemente *incómodo*, y posiblemente poco atractivo o sin interés, para la Vanessa de 2009. Desde su nuevo punto de vista, la Vanessa de 2019 apenas puede identificarse con su yo pasado. Aun así, es empática y está agradecida por su yo anterior, y se siente humilde ante su futuro.

Ahora, todo lo que Vanessa quiere hacer es contribuir, servir y conectar. Es mucho más amable, está más pendiente de los demás, es más flexible y paciente, y está más centrada en lo que ella considera el panorama general. Cuando le pregunté cómo se veía a *sí misma en el futuro*, me dijo que como una filántropa.

¿Cómo sucedió esto? ¿Cómo pasó Vanessa O'Brien de ser una oficinista corporativa egocéntrica de tipo A a ser una aventurera, filósofa y filántropa interesada en salvar el planeta?

¿Cómo pasó de ser alguien que no afrontaba ningún desafío físico significativo a convertirse en la primera mujer estadounidense y británica (tiene doble nacionalidad y, por lo tanto, reúne los requisitos para ambas) en escalar el K2,[2] que, a 8611 metros (28 251 pies) por encima del nivel del mar es la segunda montaña más alta del mundo y más difícil de ascender que el Everest?

¿Cómo se convirtió en alguien que recibió el premio de Exploradora del Año de la Scientific Exploration Society* en 2018 y el premio Fearless Girl en 2019 de manos de la congresista neoyorquina Carolyn Maloney?

¿Cómo fue capaz de obtener el récord mundial Guinness por escalar la cima más alta de todos los continentes en 295 días, el tiempo más rápido logrado por una mujer?[3]

¿Cómo fue capaz de convertirse en una persona orientada por propósitos e interesada y afectuosa hacia otras personas?

¿Cómo fue capaz de volverse más amable, más considerada, más filosófica y consciente de sí misma y de la realidad?

Si sentases a Vanessa con algunos de sus colegas del sector financiero, se sorprenderían de lo que ha hecho en la última década y de en quién se ha convertido.

Pero ¿cómo sucedió esto?

En realidad, todo se reduce a unas cuantas cuestiones clave.

El cambio de Vanessa empezó con la crisis financiera de 2008. Ante el cambio de contexto, ella y su marido decidieron mudarse a otro país y empezar de cero. El dolor producido por la crisis y la confusión que causó le llevaron a preguntarse lo que realmente era importante para ella. Decidió que necesitaba un nuevo propósito en su vida, algo que le diera más significado.

Con la ayuda de algunos amigos, eligió un nuevo y desafiante objetivo: escalar el monte Everest. A través del proceso y del dolor de lograr este objetivo —así como de algunos fracasos que le dieron lecciones de humildad—, su identidad, personalidad y visión del mundo cambiaron, lo que la llevó a otras metas y objetivos.

---

* Sociedad para la Exploración Científica, en español.

A lo largo de los diez años siguientes, persiguió continuamente objetivos más grandes y exigentes, lo que la condujo a experiencias que alteraron su identidad, perspectiva y propósito. A través de sus experiencias, sus expectativas se hicieron añicos a menudo, haciendo que tuviese que reconsiderar sus antiguos puntos de vista. Como ella misma dice: «A menudo, aquellos de quienes más esperas te dan lo mínimo, y aquellos de quienes menos esperas te dan lo máximo».

Vanessa ha dejado atrás su pasado. Su ego, que una vez estuvo ligado a su salario, a su título y a sus posesiones materiales, ha sido destruido. Ha adoptado un propósito enormemente transformador y significativo en su vida. Ahora está centrada en el futuro y en hacer todo el bien que pueda. Le importa menos lo que los demás piensen de ella.

Debido a estos cambios extremos, Vanessa es lo que los psicólogos llamarían un *caso atípico*. Algunos incluso le diagnosticarían un trastorno de la personalidad. Pero en realidad no es una persona tan diferente a ti o a mí. Sí, ha hecho cosas increíbles y excepcionales, pero sería un error pensar que es de alguna manera inherentemente diferente, o una extraña excepción a una regla.

No es «especial» ni «diferente». Ella en realidad es corriente, pero ha elegido volverse extraordinaria, exponiendo la mentira de que nuestra personalidad es innata, estable y consecuente a lo largo de nuestras vidas. De hecho, la ciencia de la personalidad y nuestras propias vidas cuentan una historia completamente diferente a lo que a muchos de nosotros nos han contado.

Puede que la personalidad de una persona corriente no cambie tan drásticamente como la de Vanessa O'Brien, dado que pocos se someterían proactivamente a los rigores físicos y emocionales a los que se sometió Vanessa. Pero la personalidad de todos va a cambiar[4] y, de hecho, *ya ha cambiado*.

La personalidad no es estable, sino que cambia, independientemente de si se alberga un propósito de cambio o no.

De hecho, los psicólogos están de acuerdo en que no debería sorprenderte obtener diferentes puntuaciones en la misma prueba de personalidad en diferentes momentos, o incluso en diferentes entornos.

Resulta que la personalidad es mucho más dinámica y maleable de lo que se pensaba. A pesar de este hecho, y del creciente *corpus* científico que lo demuestra, muchos psicólogos, y el público en general, siguen viendo la personalidad desde la perspectiva de los años 60, 70 y 80, como un *rasgo* fijo o inalterable. Muchos *baby boomers*, que crecieron en una cultura que enfatizaba los «rasgos», siguen manteniendo la opinión de que las personas nacen «programadas» desde la cuna. Esta cultura de los rasgos se evidencia fácilmente por la dinámica de liderazgo de esa época: blanco, masculino, alto, etc. A menudo se manifiesta como racismo.

La ciencia emergente y un mundo cambiante demuestran lo contrario.

Las personas pueden cambiar y cambian.

Mucho.

Y en un mundo en el que la información, los viajes, las relaciones y las experiencias son más fáciles de obtener que nunca, muchas de las restricciones de generaciones anteriores han desaparecido. La elección es mucho más abundante, incluso sobreabundante. Y como resultado, la responsabilidad de la elección, y de lo que llegamos a ser como individuos y sociedades, es mucho mayor.

Entonces, el trabajo de este capítulo es el de desmentir los mitos dominantes y destructivos sobre la personalidad, que son:

1. La personalidad puede categorizarse en «tipos».
2. La personalidad es innata y fija.
3. La personalidad proviene de tu pasado.
4. La personalidad debe ser descubierta.
5. La personalidad es tu verdadero y «auténtico» yo.

Estos puntos de vista, aunque potencialmente útiles en los años de formación, son a la larga destructivos. Llevan a las personas a adoptar una mentalidad estrecha y fija sobre sí mismas. Llevan a las personas a una búsqueda equivocada para «descubrir» su «verdadero» yo, lo que es, para la mayoría, un viaje indeciso hacia la mediocridad.

Como ser humano, es tu responsabilidad crearte a ti mismo a través de las decisiones que tomas y los entornos que eliges. Y como descubrirás, has estado creándote a ti mismo todo este tiempo, aunque fuese involuntariamente.

Tras desmentir y rechazar los cinco mitos mediante la ciencia y el sentido común, te guiaré a través de una visión precisa y útil de la personalidad en el capítulo 2, capacitándote para que tomes tu personalidad, al igual que tu propio pasado y futuro, directamente en tus manos. El resto del libro te enseñará a convertirte en la persona que quieres ser.

Mito #1: La personalidad puede categorizarse en «tipos»

> No existe un extravertido puro ni un introvertido puro. Tal persona estaría en un manicomio.[5]
>
> —Dr. Carl Jung

Hay dos tipos de personas en el mundo: aquellos que creen que hay dos tipos de personas en el mundo y aquellos que no.

Sin embargo, según el Myers-Briggs, en realidad existen *dieciséis* tipos de personas en el mundo.

Pero un momento, según el Inventario de Personalidad NEO Revisado, solo hay *seis* tipos de personas.

Sin embargo, para mí solo hay cuatro tipos de personas en este mundo: Hufflepuffs, Gryffindors, Slytherins y Ravenclaws.

Entonces, ¿qué es lo que sucede?

¿Hay dos tipos de personas en el mundo? ¿Hay cuatro? ¿Hay seis? ¿O hay dieciséis?

El primer mito de la personalidad es que hay «tipos» de personalidad. *No existe algo así* como un tipo de personalidad. Los tipos de personalidad son construcciones sociales o mentales, y no realidades concretas. Dicha noción es una forma superficial, discriminatoria, deshumanizante y terriblemente inexacta de considerar la complejidad de lo que es un ser humano.

No hay ciencia alguna tras la idea de los tipos de personalidad, y la mayoría de los cuestionarios de personalidad populares fueron creados en realidad por gente a la que no le incumbía tratar de definir a las personas.

En el libro de 2018 *The Personality Brokers:*[6] *The Strange History of Myers-Briggs and the Birth of Personality Testing,* la doctora Merve Emre explica que las pruebas de personalidad se han convertido en una industria de 2000 millones de dólares, siendo la prueba Myers-Briggs la más popular de todas. Curiosamente, ni Katharine Briggs ni su hija, Isabel Meyers, tenían formación en psicología, psiquiatría o test. Nunca trabajaron en un laboratorio o en una institución académica. Dado que el acceso de las mujeres a la universidad era limitado, las dos desarrollaron su sistema desde casa, en vez de en un laboratorio o en una universidad.

Katharine Briggs utilizó su experiencia como esposa y madre, no la ciencia o la psicología, para desarrollar sus teorías a principios del siglo xx. Al darse cuenta de que ella y su cónyuge respondían de manera distinta a la vida, y de que uno de los niños era más solitario que el otro, quiso idear un sistema que tuviese en cuenta los matices sociales.

Según Briggs, una persona puede someterse a mucho dolor psicológico intentando resolver incompatibilidades. En lugar de intentar cambiarse a sí mismos, Briggs propuso que las diferencias en la forma en que las personas responden a la vida son innatas e inmutables. Son *disposiciones* programadas que hay que reconocer y acomodar.

Sin importar quién seas o cómo te muestres en la vida, tu comportamiento debe ser aceptado como «normal». Eso es lo que sostenía Briggs. Si eres tímido, las personas que te rodean deberían tenerlo en cuenta cuando tratan contigo. Si eres un manojo de nervios, deberían acomodarse a ti.

Si eres amable y compasivo, deberían esperar siempre que te comportaras de dicha manera.

Según este paradigma, la manera en que reaccionas a la vida es simplemente «lo que eres», y no deberías avergonzarte por ello. No deberías intentar cambiar quien eres, y no podrías, aunque lo intentases. Incluso si estas características son limitantes, no hay nada que puedas hacer al respecto. Simplemente vive con las restricciones que Dios o tu ADN te han dado.

Aunque son entretenidas, las pruebas de personalidad basadas en los tipos no son científicas, y te hacen creer que eres esencialmente más limitado de lo que eres en realidad. Representan un retrato inexacto y excesivamente simplificado de las personas, repleto de generalizaciones amplias y contundentes, con las que cualquiera puede sentirse identificado. Estas pruebas simplifican demasiado la psicología, haciendo que las personas piensen que saben más sobre ello de lo que realmente saben. El doctor Adam Grant, profesor de negocios y psicólogo organizativo de la escuela de negocios Warthon, explicó al respecto: «El Myers-Briggs es como preguntar a la gente qué le gusta más: ¿cordones de zapatos o pendientes? Se tiende a inferir que habrá un "¡ajá!", aunque no es una pregunta válida. [Ello] crea una ilusión de pericia en psicología».[7]

Tenemos toda una generación de gurús de la personalidad en las redes sociales que pueden decirte cualquier cosa y todo sobre ti, desde con quién deberías salir y casarte hasta si deberías tener o no hijos, pasando por lo qué deberías hacer en el trabajo, y si serás exitoso y feliz, todo ello en función de tu puntuación en una prueba en particular. *Parece* científico, pero en realidad no es más que superstición disfrazada de ciencia.

En las ciencias sociales, existen cuatro estándares para determinar el mérito de una teoría propuesta:[8] ¿son las categorías (1) fiables, (2) válidas, (3) independientes y (4) completas? Para el Indicador de Tipos Myers-Briggs, la evidencia dice que no, no, no y no. La verdadera lección de la prueba Myers-Briggs no es una revelación de tu personalidad, sino del increíble poder del *marketing*. Esa es la verdadera brillantez del Myers-Briggs.

Aunque sigue habiendo desacuerdos entre los psicólogos en relación a si la personalidad puede cambiar o no, están de acuerdo en que las pruebas de personalidad como la de Myers-Briggs no deberían tomarse en serio[9] por las cuatro razones enumeradas anteriormente. Y en que los «tipos de personalidad» tan popularizados por dichas pruebas y por los psicólogos *pop* realmente no existen.

Cuando se hace de manera intencional y estratégica, puede ser útil definirte a ti mismo como cierto «tipo» de persona, o *asignarte* una etiqueta específica. Por ejemplo, Jeff Goins siempre quiso ser escritor, pero no había hecho nada al respecto. Sin embargo, cuando se etiquetó a sí mismo como «escritor», esa identificación le impulsó a empezar a escribir y, finalmente, a convertirse en un autor de éxito. Así pues, Goins eligió intencionadamente su etiqueta, y esta le ayudó a conseguir sus objetivos.

Las etiquetas pueden servir a los objetivos, pero los objetivos jamás deberían servir a las etiquetas. Cuando un objetivo sirve como etiqueta, has hecho que esa etiqueta sea tu realidad absoluta, y has creado una vida para demostrar o respaldar esa etiqueta. Esto se ve cuando alguien dice: «Persigo esto porque soy extravertido». Esta manera de establecer objetivos ocurre cuando los basas en tu persona actual en vez de establecer objetivos que desarrollen y cambien quien eres.

Tu personalidad debería *surgir de tus metas*. Tus objetivos no deberían surgir de tu personalidad. El emprendedor, capitalista de riesgo y autor Paul Graham escribió: «Cuantas más etiquetas tengas para ti mismo, más tonto te harán».[10] Cuando alguien se etiqueta proactivamente como «introvertido» o incluso como «extravertido», se ha hecho oficialmente más tonto, a menos que por alguna razón una de esas etiquetas le permita alcanzar un objetivo en particular.

Las investigaciones demuestran que etiquetar o diagnosticar puede ser de ayuda a los profesionales para orientar la terapia. Sin embargo, estas etiquetas rara vez deberían mostrarse a los clientes. La etiqueta se convierte en un aspecto significativo de la identidad del cliente, limitando enormemente su capacidad de cambio.[11]

Las etiquetas crean visiones estrechas. Asumir una etiqueta puede llevarte a ser un «estúpido», impidiéndote ver aquellas veces en que la etiqueta no es verdadera.[12] Como dijo la doctora Ellen Langer, psicóloga y experta en *mindfulness* de Harvard: «Si algo se presenta como una verdad aceptada, las formas alternativas de pensar ni siquiera se plantean... Cuando la gente está deprimida, tiende a creer que lo está todo el tiempo. La atención consciente a la variabilidad demuestra que no es así».

La «personalidad» es mucho más matizada y compleja que una generalización o categoría excesivamente simplificada. No es un rasgo aislado, que no está influenciado por el contexto, la cultura, el comportamiento y otros mil factores. La doctora Katherine Rogers, psicóloga de la personalidad, dijo al respecto: «Sabemos que la personalidad no funciona por tipos... No me fiaría del Myers-Briggs para esclarecer mi personalidad más de lo que me fiaría de mi horóscopo».[13]

La doctora Rogers está completamente en lo cierto. ¡Y esta es muy buena noticia! Cuando te permites a ti mismo evitar definirte según un determinado «tipo» en particular, como «introvertido» o «extravertido», te vuelves mucho más abierto. Tus posibilidades y opciones se amplían. Tu responsabilidad y capacidad de acción aumentan. Puedes hacer lo que quieras, independientemente de cómo te veas en esos momentos.

A pesar de la naturaleza acientífica de las pruebas de personalidad basadas en los tipos, continúan siendo una moda dominante en la cultura popular al igual que en la América corporativa. El sustento de muchas personas está en juego en función de cómo respondan a una de estas pruebas. Innumerables carreras se han visto arruinadas o desbaratadas por no ser del «Color» o del «tipo» adecuado para el puesto o la cultura.[14]

No eres un «tipo» de persona único y estrecho. *Eres diferente* en distintas situaciones y con distintas personas. Tu personalidad es dinámica, flexible y contextual. Además, tu personalidad cambia a lo largo de tu vida, mucho más de lo que puedes imaginar actualmente.

En diferentes etapas y estaciones de tu vida, vas a mostrar una personalidad diferente. Diablos, en el transcurso de un único día puedes mostrar docenas de personalidades distintas. Como el *podcaster* Jordan Harbinger dijo en una entrevista: «Antes del café, soy un INTJ.* Después del café, soy un ENTJ».**

En lugar de ver la personalidad como un «tipo» en el que encajar, míralo como un continuo de comportamientos y actitudes que es flexible, maleable y se basa en el contexto. La teoría de la personalidad más respaldada científicamente[15] está dividida en lo que se llaman los «cinco factores»:

1. Cuán abierto se es a aprender y experimentar cosas nuevas (apertura a nuevas experiencias).
2. Cuán organizado, motivado y centrado en los objetivos se está (diligencia).
3. El grado de energía y conexión que se tiene con otras personas (extraversión).
4. Cuán amigable y optimista se es hacia otras personas (simpatía).
5. Cómo se manejan el estrés y otras emociones negativas (neuroticismo).

Ninguno de estos cinco factores son «tipos». En cambio, todos estamos en *algún punto de un continuo* de cada uno de estos factores en función de nuestras preferencias, experiencia y situación. En diferentes situaciones y circunstancias, te mostrarás de manera distinta en todos estos factores, a veces para bien y otras para mal.

Por ejemplo, los investigadores han encontrado fuertes correspondencias entre las exigencias de un rol social y el perfil de personalidad de cada uno.[16] Si un rol en particular requiere que la persona sea concienzuda o extravertida, entonces esta mostrará un mayor grado de aplicación o extraversión.

---

* Del inglés *Introverted, iNtuitive, Thinking and Judging*; 'Introvertido, Intuitivo, Racional y Juicioso', en español.

** Del inglés *Extroverted, iNtuitive, Thinking and Judging*; 'Extravertido, Intuitivo, Racional y Juicioso', en español.

Sin embargo, una vez que deje ese rol y asuma otro que requiera menos aplicación o extraversión, manifestará niveles más bajos de dichos «rasgos». La investigación longitudinal destaca que la personalidad de un individuo puede explicarse a menudo por los roles sociales que ha adoptado y abandonado a lo largo de las etapas de su vida. Por lo tanto, el rol social es un predictor de la personalidad muy estudiado y tangible.[17]

Aunque pensemos que somos constantes, nuestro comportamiento y actitudes cambian a menudo. No es nuestro comportamiento el que es coherente, sino más bien *la visión que tenemos de nuestro comportamiento* lo que hace que parezca coherente. Nos centramos selectivamente en aquello con lo que nos identificamos e ignoramos lo que no. En el proceso, a menudo pasamos por alto o ignoramos deliberadamente los muchos casos en que actuamos de manera distinta a la habitual.

Investigaciones recientes muestran que las personas quieren verse a sí mismas como más fluidas y flexibles, y tienen deseos específicos de mejorar su personalidad. Menos del 13 % de las personas declararon estar satisfechas consigo mismas[18] tal y como son. En general, querían obtener una puntuación más alta en franqueza, escrupulosidad y extraversión. Querían obtener una puntuación más baja en neuroticismo.

Para aquellos interesados en mejorarse a sí mismos por una razón específica, la ciencia reciente nos demuestra que dichos cambios son posibles. Un estudio realizado en 2015 por los doctores Nathan Hudson y Chris Fraley mostró que la personalidad se puede cambiar intencionadamente mediante la concreción de objetivos y el esfuerzo personal sostenido.[19] La investigación de los doctores Christopher Soto y Jule Specht muestra que los cambios de personalidad se aceleran cuando las personas llevan vidas significativas y satisfactorias.[20]

Cada uno de los cinco factores *cambiará* a lo largo de tu vida, intentes cambiarlos o no, pero definitivamente puedes cambiarlos conscientemente todos y cada uno de ellos. Vanessa O'Brien se propuso el objetivo de escalar el monte Everest, y ese objetivo la llevó a estar más abierta a nuevas experiencias.

Cabe señalar que las investigaciones actuales y en desarrollo sobre la flexibilidad de la personalidad son conservadoras en cuanto al cambio esperado, al menos a corto plazo. Sin embargo, como veremos a lo largo de este libro, la profundidad del cambio no se debe a la imposibilidad. Más bien, las personas en general no realizan cambios increíbles e intencionados debido a razones emocionales y situacionales, las cuales pueden controlarse.

El cambio intencional es emocionalmente riguroso: no te hace sentir precisamente bien, y puede ser incluso muy doloroso. Si no estás dispuesto a pasar por experiencias emocionales, a cambiar tu perspectiva y a hacer cambios significativos en tu comportamiento y entorno, entonces no te esperes grandes cambios (por lo menos a corto plazo). Ser psicológicamente flexible es la clave para la transformación personal, no el apegarse excesivamente a tu identidad o perspectivas actuales. Comprometerse insaciablemente con un propósito futuro y aceptar las emociones en vez de evitarlas es la manera en que se produce el cambio radical.

El cambio extremo es más que posible. De hecho, los cinco factores son comportamientos y, en realidad, todos son *habilidades* que se pueden aprender. Puedes aprender a ser más abierto a nuevas experiencias, al igual que puedes aprender a ser menos abierto. Puedes aprender a ser más organizado y centrado en los objetivos. Puedes aprender a ser más extravertido o introvertido. Puedes aprender a mejorar tu relación con distintos tipos de personas. Puedes ser más inteligente emocionalmente en vez de reactivo y orientado hacia la víctima.

Puede que el aspecto más perjudicial de clasificar a las personas en categorías o tipos es que dichas categorías pueden considerarse innatas e inalterables. Cuando ves a las personas como incapaces de cambiar, empiezas a definirlas por su pasado. Si alguien ha hecho algo en el pasado, lo ves como un cierto tipo de persona que siempre hará este tipo de cosas, en vez de reconocer que puede haber cambiado.

Las limitaciones de esta perspectiva están magníficamente exploradas en la novela francesa *Los miserables*, de Victor Hugo.[21] La novela cuenta la historia de dos personas: Javert, el oficial de policía con pretensiones de superioridad moral que cree que las personas no pueden cambiar; y Jean Valjean, un excriminal que cambia su vida y se entrega a un camino más elevado y santo. Javert no puede aceptar que Valjean realmente haya cambiado. En opinión de Javert, una persona nunca debería ser perdonada por sus acciones pasadas. Si una persona ha obrado mal, él cree que es fundamentalmente mala.

A lo largo de la novela, Javert y Valjean se encuentran el uno con el otro en diversas situaciones. Llevar a Valjean ante la justicia se convierte en la obsesión de Javert. Mientras tanto, Valjean simplemente intenta vivir una vida redimida de su pasado criminal, una en la que ayuda a otras personas que están en apuros. Al final, Javert se suicida por que no puede conciliar la contradicción que es Jean Valjean. En vez de cambiar su opinión, se quita la vida.

Entonces, ¿dónde te encuentras?

¿De qué manera te has definido a ti mismo o a otros por hechos del pasado?

¿Te has limitado o definido excesivamente al categorizarte o tipificarte?

¿Qué pasaría si dejases de encasillarte en una categoría y te abrieses a la posibilidad de cambiar?

Mito #2: La personalidad es innata e invariable

En un estudio longitudinal que abarca más de sesenta años, publicado recientemente, los investigadores quedaron desconcertados por lo que descubrieron.[22] Las personalidades de casi todos los participantes en el estudio eran *completamente diferentes* a lo que los investigadores esperaban.

El estudio empezó a partir de los resultados de una encuesta de la década de 1950 a 1208 niños de catorce años en Escocia. Se pidió a los profesores que usasen seis cuestionarios para calificar a los adolescentes en seis rasgos de personalidad: confianza en sí mismos, perseverancia, estabilidad anímica, escrupulosidad, originalidad y deseo de aprender.

Más de sesenta años después, los investigadores volvieron a examinar a 674 de los participantes originales. Ahora con setenta y siete años, los participantes se calificaron a sí mismos en los seis rasgos de personalidad, y también nombraron a un amigo cercano o familiar para que hiciese lo mismo. La coincidencia con los cuestionarios realizados sesenta y tres años antes fue mínima o nula. Como afirman los investigadores: «Nuestra hipótesis era que encontraríamos pruebas de la estabilidad de la personalidad a lo largo de un periodo aún más largo de 63 años, pero nuestras correlaciones no han respaldado esta hipótesis».

Esta es la manera en la que los académicos dicen: «Estábamos completamente equivocados en todo». La personalidad cambia con el paso del tiempo.

Los estudios longitudinales son increíblemente difíciles de realizar, por lo que rara vez se hacen. En los inusuales casos en que se administra una prueba de seguimiento a los participantes del estudio, suele ser a las pocas semanas o meses. En estas condiciones, es fácil concluir que la personalidad rara vez cambia. Si se hiciese la misma prueba de personalidad con tres o seis meses de diferencia, posiblemente se obtendría una puntuación similar, a no ser que algo drástico hubiese ocurrido durante esos pocos meses.

Cuanto más largos sean los intervalos entre cada prueba, más diferentes serán los resultados. Como reconocen los investigadores del estudio de sesenta y tres años: «Nuestros resultados sugieren que, cuando se incrementa el intervalo hasta los sesenta y tres años, apenas hay relación».

No solo cambia tu personalidad con el tiempo, sino que cambia mucho más de lo que podrías esperar. Según una investigación realizada por el doctor Daniel Gilbert, psicólogo de Harvard,[23] en un periodo de diez años *no vas a ser la misma persona.*

En su investigación, el doctor Gilbert preguntó a los sujetos cuánto habían cambiado sus intereses, objetivos y valores durante la década anterior. Después les preguntó cuánto esperaban que cambiasen sus intereses, objetivos y valores en los próximos diez años.

Lo que el doctor Gilbert descubrió fue que cuando se les pide que analicen las diferencias entre su yo anterior y el actual, las personas pueden reconocer con facilidad los cambios en su personalidad a lo largo de los diez años anteriores. Aun así, la gente espera sistemáticamente que solo se produzcan *cambios menores* durante la próxima década.

En psicología, se conoce este fenómeno como «ilusión del final de la historia», y se da en personas de todas las edades que creen haber experimentado un crecimiento y cambios personales significativos hasta el momento presente, pero que no crecerán ni madurarán sustancialmente en el futuro.

Como dice Gilbert: «Los seres humanos son obras en curso que creen erróneamente que están terminadas».

Los seres humanos tenemos la curiosa manera de pensar que quienes somos en el presente es la versión «acabada», «terminada» y «evolucionada» de nosotros mismos. Esta es la razón por la que, independientemente de la evidencia del cambio de nuestro yo anterior al actual, *sentimos* a menudo que somos la misma persona. En el presente, siempre nos sentimos como «nosotros mismos», a pesar de que nuestras emociones y comportamientos constantes —e incluso nuestros hábitos y entornos— son *completamente diferentes* de lo que eran años atrás.

Tenemos una gran capacidad de adaptación. Incluso tras pasar por un cambio extremo, nos adaptamos rápidamente a él, que se convierte en nuestra nueva norma. Por consiguiente, puede que sintamos que somos la misma persona mientras envejecemos y cambiamos gradualmente, *pero en realidad no somos los mismos*. La vida es «normal», pero no en comparación a como era antes.

Una manera obvia de ver que nuestra personalidad ha cambiado con el tiempo es cómo respondemos a nuestras decisiones previas. A menudo, la gente se quita tatuajes que su yo pasado pensó que serían una buena idea. La gente se divorcia de su pareja, a la que su yo anterior pensó que amaría para siempre. La gente se esfuerza por perder la grasa abdominal, mientras que antes no tenía problema en comer para ganarla. La gente renuncia a trabajos que estaba desesperada por conseguir.

A menudo las personas toman decisiones con las que no estarán contentas en un futuro porque, por lo general, no somos muy buenos a la hora de predecir nuestro propio futuro. No es que no podamos predecir nuestro futuro, es que no lo hacemos.

Es más difícil imaginar el futuro que queremos que recordar el pasado que hemos vivido. La imaginación es una habilidad a desarrollar, una que pocos adultos realmente dominan. En cambio, los adultos se vuelven menos creativos e imaginativos a medida que envejecen, y son cada vez más fijos y dogmáticos en sus estrechos puntos de vista.

Una pregunta rápida: ¿cuánto tiempo pasas imaginando tu yo futuro? Para la mayoría de la gente, la respuesta es «no mucho».

Lo que acabo de describir son los dos mayores obstáculos que impiden a las personas predecir y crear su personalidad futura:

1. Asumimos que nuestra personalidad presente es un producto terminado (la ilusión del final de la historia).
2. Exageramos la importancia del pasado, lo que nos lleva a ser cada vez más estrechos en la forma de vernos a nosotros mismos y el mundo.

Tu personalidad cambia. Ha cambiado y seguirá cambiando en el futuro. Por consiguiente, es tiempo de empezar a pensar en quién va a ser tu yo futuro. *No quieres que te sorprenda, decepcione o frustre el lugar en el que te encuentras y en lo que te has convertido.* No quieres dejar colgado a tu futuro yo por negligencia, mala planificación o malas decisiones por parte de tu yo actual.

Es mejor tomar decisiones basadas en lo que tu yo futuro quiere, y no en lo que quiere tu yo actual. Es mejor decidir y actuar desde el punto de vista de tus circunstancias deseadas, y no de las presentes. Como dijo el líder religioso y jurista norteamericano Dallin Oaks:

> Tomamos innumerables decisiones en la vida, algunas grandes y otras aparentemente pequeñas. Mirando hacia atrás, podemos ver qué gran diferencia han producido algunas de esas elecciones en nuestra vida. Hacemos mejores elecciones y decisiones si consideramos las alternativas y reflexionamos hacia dónde nos llevarán... Nuestro presente y nuestro futuro serán más felices si siempre somos conscientes del futuro... «¿Adónde nos llevará esto?» es también importante a la hora de elegir cómo nos etiquetamos o cómo pensamos de nosotros mismos... No elijáis etiquetaros o pensar sobre vosotros mismos en términos que pongan un límite a un objetivo por el que os tendréis que esforzar.* [24]

El primer paso de este proceso imaginativo es distinguir tu yo presente de tu yo futuro.

No son la misma persona.

Tu yo futuro será una persona distinta de la que eres actualmente. Es perjudicial para la toma de decisiones asumir que tu yo del futuro será la misma persona que eres ahora. El doctor Hal Hershfield, investigador de la identidad, dijo sobre esto: «La analogía del yo futuro con otra persona puede parecer extraña, pero es bastante poderosa cuando se trata de comprender la toma de decisiones a largo plazo».[25]

Quién quieres ser en el futuro es *más importante* que quién eres ahora, y en realidad debería conformar lo que eres ahora. El yo futuro al que

---

* Dallin Oaks: «*We make countless choices in life, some large and some seemingly small. Looking back, we can see what a great difference some of our choices made in our lives. We make better choices and decisions if we look at the alternatives and ponder where they will lead... Our present and our future will be happier if we are always conscious of the future... "Where will this lead?" is also important in choosing how we label or think of ourselves... Don't choose to label yourselves or think of yourselves in terms that put a limit on a goal for which you might strive*».

aspiras debería dirigir tu identidad y personalidad actuales mucho más que tu yo pasado.

Con suerte, tu yo futuro será mucho más sabio y tendrá una gama de experiencias mucho más amplia que tu yo actual. Tu yo futuro tendrá mejores oportunidades, relaciones más profundas y una mejor visión de sí mismo. Es de esperar que tu yo futuro tendrá más capacidad de acción y elección que tu yo presente, con más conocimientos, habilidades y conexiones.

También es posible que tu yo futuro esté *más limitado* que tu yo presente, dependiendo de lo que hagas en el aquí y ahora. Si te involucras en comportamientos poco saludables, tomas decisiones nefastas o desarrollas malos hábitos, entonces tu yo futuro tendrá *menos libertad* que tu yo presente. A veces, las cosas que parecen pequeñas e inofensivas —como ver vídeos de YouTube antes de ir a la cama, o tomarte una copa extra en el bar— pueden convertirse en una cascada y agravarse en grandes problemas con el tiempo.

Me apena decir que algunos de mis amigos y otros parientes están ahora en situaciones terribles debido a sus propias malas decisiones. Sus vidas no son como sus yoes pasados pensaban que serían, y no debido a un extraño accidente, sino por su propia falta de intención, planificación y acción dirigida a un objetivo. Se volvieron laxos y ahora están pagando el precio. No solo su situación es peor, sino que ellos mismos —su personalidad, sus puntos de vista y sus relaciones— son mucho peores de lo que fueron antaño.

La vida empieza a tener un significado totalmente nuevo cuando empiezas a pensar *ahora mismo* en lo que querrá tu yo futuro. En vez de tomar decisiones basadas en tu identidad actual, podrías empezar a tomar decisiones que tu yo futuro amaría y apreciaría.

Es tu responsabilidad preparar a tu yo futuro con la mayor cantidad de oportunidades, éxito y felicidad posibles. Es así como te conviertes en la persona que quieres ser y creas la vida que quieres tener, en vez de convertirte en alguien que se arrepienta.

Describe tu yo futuro.

¿Quién es tu yo futuro?

¿Con qué frecuencia te imaginas y diseñas de manera consciente tu futura identidad?

¿Qué pasaría si basases tu identidad en quién quieres ser, en lugar de en quién has sido?

Mito #3: La personalidad proviene de tu pasado

> Porque a veces el pasado merece una segunda oportunidad.[26]
>
> —Malcom Gladwell

Una premisa científica común a muchas teorías se conoce como «determinismo causal»: es la idea de que todo lo que ocurre o existe está causado por condiciones o eventos previos.[27] Desde este punto de vista, las personas están determinadas, y no influenciadas, por eventos pasados, como una pieza de dominó en una cadena que se derrumba.

Al observar el comportamiento humano, los psicólogos están de acuerdo en que la mejor manera de predecir el comportamiento futuro es observar el comportamiento pasado. Y en su mayor parte, esa perspectiva se confirma una y otra vez. En efecto, las personas parecen ser bastante predecibles con el paso del tiempo.

La pregunta importante es *¿por qué?*

Una opinión dominante sobre el comportamiento predecible es que la «personalidad» es un «rasgo» estable que, en su mayor parte, es inalterable. Sin embargo, como se demostrará a lo largo de este libro, esta explicación es una simplificación burda e inexacta, que conduce en última instancia al sinsentido, a la justificación y a una falta de progreso radical y de vida intencional.

Sí, el comportamiento de las personas puede parecer, y a menudo es, predecible y coherente con el paso del tiempo. Pero la razón de esa coherencia no es una personalidad fija e inalterable. En su lugar, hay cuatro razones mucho más profundas que mantienen a las personas atrapadas en patrones:

- Siguen siendo definidos por **traumas pasados** que no se han replanteado.
- Tienen una **narrativa identitaria** basada en el pasado en vez de en el futuro.
- Su **subconsciente** les mantiene en consonancia con su antiguo yo y sus emociones.
- Tienen un **entorno** que apoya su identidad actual en vez de la futura.

Estas son las palancas que impulsan la personalidad; y te des cuenta o no, puedes controlarlas. Cuando cambias, replanteas o manejas estas palancas, tu personalidad y tu vida pueden cambiar de manera intencionada y notable.

Depende de ti si permites que estas cuatro palancas te retengan como rehén —manteniéndote atascado y haciendo que el cambio parezca casi imposible— o si las utilizas para convertirte en la persona que quieres ser.

A lo largo de este libro, te mostraré cómo cada una de estas palancas afecta a tu personalidad y te sugeriré estrategias para aprovechar cada una de ellas de manera inteligente. Estarás equipado para controlar estas palancas en vez de ser controlado por ellas, y así te podrás convertir en la persona que quieres ser en lugar de lo que las experiencias anteriores o la «vida» te han llevado a ser.

Por ahora, veamos algunas historias y algo de ciencia que podrían cambiar tu perspectiva sobre si tu pasado realmente «causa» tu presente.

Tucker Max es el cofundador de una exitosa empresa editorial y mediática, marido y padre de tres hijos. Hoy, su familia es lo más importante del mundo para él. Pero en 2006, cuando era una persona diferente, publicó un libro titulado *Espero que sirvan cerveza en el Infierno* (*I Hope They Serve Beer in Hell*, en inglés). Su éxito fue inmediato, convirtiéndose en el *bestseller* número uno del *New York Times*, y vendió millones de copias.

El libro, así como otros que lo siguieron, relata las noches recurrentes del Max de entre veinte y treinta y pocos años, repletas de excesos con la bebida, sexo con multitud de desconocidos al azar, y un comportamiento arrogante y agresivo con cualquiera que se le cruzase, profiriendo las cosas más maliciosas y sexualmente degradantes a cualquiera que le rodease, tanto hombres como mujeres.

Debido al gran éxito de su libro, así como a la creciente fama de Max, *Espero que sirvan cerveza en el Infierno* se convirtió en una gran película, estrenada en 2009. Sus expectativas eran altas y, a pesar de las críticas a su estilo y actitud, Max se sintió validado por su éxito y por las esperanzas que suscitaba la película. Pero cuando se estrenó, la película fracasó a lo grande en la taquilla y fue rechazada universalmente por los críticos como una de las peores películas de ese año.[28]

Casi una década más tarde, en una entrevista con Tom Bilyeu en 2018, Tucker explicó que el fracaso de la película fue una de las peores experiencias de su vida y, con diferencia, una de sus mayores decepciones.[29] El puro dolor de la experiencia le llevó finalmente a hacer frente a los demonios de los que había estado huyendo toda su vida.

Su ego se quebró por completo, dejándole vulnerable y perturbado. Le forzó a admitir, *ante sí mismo*, que no era feliz.

En 2012, después de tres años de terapia, autorreflexión, honestidad y cambio tras el fracaso de la película, Tucker Max declaró en público en una entrevista para *Forbes* que iba a dejar atrás oficialmente su antiguo estilo de vida: «Me retiro pública y explícitamente. Quiero ser libre para seguir adelante con mi vida, y creo que la manera de hacerlo es poniéndole un fin público a esto».[30]

Cuando se habla hoy con Tucker sobre su vida pasada, no se muestra amargado, enfadado o avergonzado. Me dijo que cuando lee sus obras pasadas, es como si leyese las palabras de *una persona completamente diferente*. Una clara señal de su propia curación emocional es que ve su propio pasado con empatía e incluso *de forma positiva*, no negativa.

«Cuando pienso en la persona que era, siento lástima por ese tipo», me dijo Tucker. «Ahora puedo entender por qué actuaba de aquella manera. Siento una compasión extrema por él».

Esto, más que cualquier otra cosa que vayas a encontrar en este libro, es lo más increíble, esperanzador y redentor: que cuando empiezas a avanzar activa e intencionadamente en tu vida, no solo mejora tu futuro, *sino también tu pasado*. Tu pasado se convierte cada vez más en algo que ocurre *para* ti, no a ti.

El «fracaso» de Tucker, aunque tortuoso en su momento, fue exactamente lo que necesitaba. Ocurrió para él, no a él. Y desde entonces le ha llevado a tener un propósito vital mucho más elevado y empoderador.

A medida que realmente aprendes y tienes nuevas experiencias, empiezas a ver y a interpretar tu pasado de nuevas maneras. Si tu percepción de tu propio pasado no ha variado mucho en los últimos meses o años, entonces no has aprendido de tus experiencias pasadas y no estás aprendiendo activamente ahora.

Un pasado que no cambia es una señal segura de desapego y rigidez emocional, una forma de evitar enfrentarse a la verdad y avanzar en la vida. Cuanto más maduro te vuelvas como persona, más diferente será tu visión de tus experiencias pasadas. Recientemente me he sentido humilde por cómo he actuado, incluso el año pasado, en mis negocios y relaciones.

Tu pasado puede y debe cambiar.

Tu pasado evoluciona *a medida que tú evolucionas*.

Para entender cómo cambia el pasado, tienes que conocer un poco cómo funciona tu memoria, e incluso cómo funciona la «historia» en general.

La historia se altera y revisa constantemente dependiendo de quién la cuente y de lo lejos que se encuentre en el tiempo. Por ejemplo, si leyeses un libro de historia escrito en Estados Unidos en la década de 1950 sobre los orígenes de la Guerra Fría, obtendrías una respuesta definitiva respaldada por numerosas pruebas de que la Rusia soviética fue la culpable. El libro haría referencia a la toma de Europa del Este por Stalin, su negativa a conceder la democracia que había prometido a su pueblo y su deseo de extender el comunismo por todos los rincones de la tierra.

Sin embargo, si cogieses un libro de historia de Estados Unidos de finales de la década de 1960, probablemente leerías una historia diferente. Leerías sobre el deseo de EE. UU. de hacerse con el control económico de Europa para asegurar el papel del dólar en estos países. Leerías sobre la contundencia de Truman en la conferencia de Potsdam y de su uso de la bomba atómica. En lugar de ser Rusia la responsable de la Guerra Fría, descubrirías que en realidad fue Washington, y que Stalin simplemente actuó a la defensiva tras haber perdido más de veinte millones de personas como consecuencia de la Segunda Guerra Mundial.

En los años ochenta y noventa, la historia se volvería a contar desde una nueva perspectiva. Los historiadores argumentarían que la Guerra Fría fue inevitable debido a las diferencias ideológicas existentes entre Oriente y Occidente. Leerías sobre la futilidad de culpar a una persona o incluso a un país en particular.

Al igual que la historia, que cambia constantemente con el tiempo y la perspectiva, nuestras propias narrativas personales también se adaptan o cambian con el tiempo y con cada reelaboración. Una razón por la que pasa esto es que la memoria no es un archivador inerte. Al contrario, es fluida y cambia constantemente a medida que se viven nuevas experiencias. De hecho, la memoria cambia con solo rememorar algún recuerdo concreto. Cada una es una red de conexiones, y cuando se integra una nueva conexión en un recuerdo, la totalidad de la memoria cambia instantánea e imperceptiblemente.

Cuantas más veces se cuente una historia concreta, más se altera. A medida que pasa el tiempo y cambia la cultura, nuestra visión de la historia y de determinados acontecimientos también cambia. Lo mismo pasa con la memoria. El pasado, y cómo lo vemos, es más un reflejo de *dónde estamos actualmente* que del pasado mismo. Como afirma el psicólogo Brent Slife en su libro *Time and Psychological Explanation*:

> Reinterpretamos o reconstruimos nuestra memoria a la luz de la configuración de nuestro esquema mental en el presente. En este sentido, *es más preciso decir que el presente causa el significado del pasado, que decir que es el pasado el que causa el significado del presente* [la cursiva es mía]... Nuestros recuerdos no son entidades «almacenadas» ni «objetivas», sino partes de nosotros mismos que están vivas en el presente. Esta es la razón por la que nuestros estados de ánimo presentes y nuestros objetivos futuros afectan tanto a nuestros recuerdos.* [31]

Puede que esta idea de que nuestro presente da forma al significado del pasado no tenga sentido al principio. Pero como verás pronto, en realidad no es tan compleja. Por ejemplo, imagina que llegas al trabajo una mañana y que te llama tu jefa para que vayas a verla. Sorprendentemente, y aparentemente de la nada, te ofrece un aumento de sueldo del 10 %. ¡Estás entusiasmado! Sales de su despacho en una nube.

Ese mismo día, a la hora del almuerzo, compartes la buena noticia con tu compañera, que ocupa un puesto similar. Entonces, ella te informa de que a ella también le han aumentado el sueldo, pero un 15 %.

¿Cómo te sientes con esa información nueva? ¿Sigues estando en las nubes? La mayoría de las personas probablemente no.

Pero ¿por qué no? El aumento del 10 % *no ha cambiado*... pero sí su significado.

El nuevo contexto lo ha cambiado todo. Un 10 %, por sí solo, en realidad no significa mucho. Solo tiene un significado aquello con lo que contrasta.

---

* «*We reinterpret or reconstruct our memory in light of what our mental set is in the present. In this sense, it is more accurate to say the present causes the meaning of the past, than it is to say that the past causes the meaning of the present [italics mine] ... Our memories are not "stored" and "objective" entities but living parts of ourselves in the present. This is the reason our present moods and future goals so affect our memories*».

Antes contrastabas tu aumento del 10 % con tu salario anterior. Ahora, lo contrastas con el aumento del 15 % de tu compañera.

El contexto actual ha cambiado el significado del pasado. Esta verdad queda plasmada en una cita de Saadi Shirazi, que dijo: «Lloré porque no tenía zapatos hasta que conocí a un hombre que no tenía pies».[32] No tener zapatos es relativo.

El contexto lo cambia todo. Las pruebas de personalidad ignoran el contexto, asumiendo que «tú» eres tu propio resultado en cada contexto.

El contexto también cambia la memoria. El contenido de la memoria cambia porque, como una receta, se le ha añadido más. Por lo tanto, nuevas experiencias alteran los recuerdos antiguos, añadiendo una nueva perspectiva y un nuevo significado a esos recuerdos. A veces, las nuevas experiencias pueden conducir al olvido completo de experiencias anteriores.

Nuestro pasado, al igual que nuestra personalidad, no es inmutable ni fijo. Tiene mucho más que ver con el *contexto* que con el contenido. El contexto es siempre superior al contenido porque determina el significado, el foco, el énfasis e incluso la apariencia del contenido. ¡Cuando cambia el contexto, cambia simultáneamente el contenido!

Simplemente porque algo ocurrió en el pasado no significa que el acontecimiento o la experiencia sean «objetivos». Esto puede ser un trago amargo, especialmente para las personas que insisten en que el pasado o los acontecimientos específicos se entiendan de manera particular.

Nuestro pasado, como cualquier experiencia o acontecimiento, es una perspectiva subjetiva a la que nosotros mismos atribuimos significado, ya sea positivo o negativo, bueno o malo. Indudablemente, las experiencias de nuestro pasado pueden afectarnos y nos afectan. Pero no es realmente nuestro pasado lo que nos afecta, sino nuestra interpretación actual y nuestro apego emocional *a ese pasado*.

Decir: «Simplemente soy así por mi pasado» supone declarar que estás emocionalmente atascado en tu pasado.

Los traumas pueden ocurrir, y nos ocurren a todos, tanto en mayor como en menor grado. Cuando nuestros traumas no están resueltos, dejamos de avanzar en nuestras vidas. Nos volvemos emocionalmente rígidos y nos apagamos, y así dejamos de aprender, de evolucionar y de cambiar. De este modo, nuestro pasado también se vuelve rígido y nuestra memoria persiste de manera inalterable y dolorosa.

Al evitar continuamente nuestros traumas pasados y las emociones que suscitan, nuestra vida se convierte en un patrón dañino y repetitivo. Cuando este es el caso, entonces sí, nuestro pasado se convierte en un predictor preciso de nuestro futuro. No porque la personalidad sea inmutable, sino más bien porque estamos evitando ese cambio. Las lecciones se repiten, se aprenden.

Un indicador claro de que alguien tiene un trauma no resuelto es que su vida y su personalidad son repetitivas durante un periodo prolongado. Pero a medida que se enfrenta, se abre, se hace más consciente y finalmente replantea su trauma, se permite a sí mismo adoptar un punto de vista positivo y maduro sobre su pasado. Su presente y su futuro dejarán entonces de reflejar su pasado.

Tucker Max ve su yo pasado con compasión y mayor comprensión. Ya no se *identifica* con su yo pasado. Son dos personas totalmente distintas, con diferentes valores, objetivos y contextos. Y aunque Tucker no querría ser necesariamente su antiguo yo, siente empatía hacia esa persona y otras como él.

La opinión de Tucker sobre los acontecimientos anteriores sigue evolucionando a medida que él evoluciona. No es la víctima de su pasado. Su pasado no es la causa de que sea como es actualmente. En cambio, el significado de su pasado continúa expandiéndose y cambiando porque él elige no seguir estancado ahí.

Tucker eligió seguir adelante con su vida, y sigue haciéndolo. Está aprendiendo, teniendo experiencias nuevas e integrándolas para evolucionar él mismo y el significado de su vida. Cada vez más, el *yo futuro de Max*, que incluye sus valores y su familia, es quien está tirando de su yo presente hacia adelante.

Por lo tanto, es absurdo decir que el pasado de Tucker es lo que causa que sea quien es. De hecho, su pasado está *cambiando continuamente*, a la luz de la persona en la que se está convirtiendo.

Lo mismo puede decirse de ti y de mí.

La manera en la que describimos, interpretamos y nos identificamos con nuestro pasado tiene mucho más que ver con el lugar en el que estamos, aquí y ahora, que con nuestro pasado real.

Si, por ejemplo, sigues enfadado con tus padres por tu infancia, esto dice más de quién *eres en la actualidad* que de lo que realmente ocurrió en tu infancia. Seguir culpando a otra persona o acontecimiento del pasado te convierte en víctima, y refleja más de ti que de quien o lo que sea que estés culpando.

No quiero ni estoy intentando menospreciar de ninguna manera tus experiencias. A lo mejor has tenido que vivir unos acontecimientos realmente horribles. Tal vez viste cosas que jamás podrás dejar de ver. Estas experiencias pueden haber sido muy difíciles de afrontar, haciendo que te sintieses incomprendido y solo.

¡Pero «cambiar tu pasado» no significa que deberías cambiar o menospreciar el contenido de ninguna de esas experiencias! En realidad, pueden ser una mina de oro de conocimientos, significados y posibilidades.

No es el contenido de tu pasado lo que tiene que cambiar, *sino cómo lo ves hoy*. Como dijo Marcel Proust: «El verdadero viaje de descubrimiento no consiste en buscar nuevos paisajes, sino en mirar con nuevos ojos».[33] No se trata de ver millones de cosas, sino de ser capaz de ver las mismas cosas de millones de maneras diferentes. Y con suerte, de formas mejores y más útiles.

Ver tu pasado de manera más efectiva y saludable es un aspecto natural de la evolución como persona. Buscar nuevas experiencias es una parte esencial y poderosa de esta evolución. Sin embargo, con demasiada frecuencia, las personas no llegan a aprender o a ser transformadas por sus experiencias. En cambio, las evitan a menudo, o no aprenden de ellas cuando suceden.

Con el fin de crear activamente nuevas experiencias y que estas te transformen, deberás volverte más flexible psicológicamente. La flexibilidad psicológica es la habilidad de ser fluido y adaptable, manteniendo las emociones sueltas, y avanzando hacia los objetivos o valores elegidos.[34] Necesitas flexibilidad psicológica para replantear tu pasado e imaginar tu yo futuro. Cuanto más flexible te vuelvas, menos te sentirás abrumado o paralizado por las emociones. Al contrario, las aceptarás y aprenderás de ellas.

Volverse psicológicamente flexible forma parte de la evolución emocional como ser humano. El desarrollo emocional es el núcleo de la comprensión de la personalidad. Cuanto menos desarrollada y flexible emocionalmente sea una persona, más evitará experiencias difíciles. Más limitada y definida estará por las experiencias dolorosas de su pasado. Esto es contrario a la intuición, ya que muchas personas creen que la mejor manera de lidiar con experiencias difíciles es enterrando sus emociones y librando una batalla silenciosa en solitario.

Te vuelves más flexible psicológicamente y evolucionas emocionalmente enfrentándote a tu pasado, de frente, y recibiendo ayuda de otras personas. Cada vez que te enfrentas a tu pasado, lo cambias. Cada vez que te enfrentas a tu futuro con honestidad y valentía, te vuelves más flexible y maduro. Fomentas confianza, lo que mejora tu imaginación. Dejas de estar tan limitado por lo que fuiste y por lo que sientes y, en su lugar, te capacitas para ser y hacer lo que quieras, independientemente de lo que implique.

Las emociones son la puerta de entrada al crecimiento y al aprendizaje. La razón por la que la personalidad de las personas se estanca y queda atrapada en ciclos repetitivos es porque estas evitan las emociones difíciles y problemáticas que conllevan el *aprendizaje* y la conexión con ellas mismas y con los demás. Como resultado, permanecen lastradas por sus percepciones limitadas de su pasado mucho más tiempo del necesario.

Entonces, ¿qué historias te cuentas sobre tu yo pasado?

¿Quién fue tu yo pasado?

¿En qué te diferencias de tu yo pasado?

¿Cómo ha cambiado tu pasado debido a experiencias más recientes?

¿Cómo sería tu vida si tu pasado fuese algo que ocurriera para ti, en vez de a ti?

¿Cómo podría cambiar tu vida si aceptases la verdad de que tu yo pasado y tu yo actual son dos personas fundamentalmente diferentes?

¿Cómo sería tu vida si no volvieras a culparte o limitarte a ti mismo y tu futuro basándote en el pasado?

Mito #4: La personalidad tiene que descubrirse

> La vida no consiste en encontrarte a ti mismo, sino en crearte a ti mismo.
>
> —George Bernard Shaw

Tengo una amiga llamada Kary. Tiene poco más de cuarenta años, y nunca ha sido capaz de encontrar un trabajo que le apasione. Cada pocos años, cambia de sector, y nunca impulsa cambios significativos en su orientación.

Está frustrada porque siente que no sabe realmente quién es. Ve a muchos de sus amigos y compañeros que saben algo que ella no sabe. «Parece que han descubierto el secreto de la vida» me dijo, «han encontrado y maximizado sus talentos y pasiones».

Kary sigue esperando encontrarse a sí misma. Se muestra pasiva, en vez de activa, ante la vida. Espera que en algún momento caerá un rayo, tendrá una epifanía y *entonces* podrá seguir adelante con confianza. Entonces podrá ser quien realmente es.

Lo que Kary no entiende es que la inspiración sigue a la acción, no al revés. No va a caer un rayo sobre ella. A menos que actúe, y hasta que lo haga, su confianza y su imaginación seguirán siendo escasas. Debe *decidir* lo que quiere hacer y empezar a avanzar. Con el progreso, aunque sea minúsculo, su claridad y confianza aumentarán, abriendo la puerta a una mayor flexibilidad y cambio.

La preocupación de Kary de no haberse «encontrado» a sí misma o su pasión no es nueva ni única. La sabiduría cultural común sugiere que tu «pasión» es algo que descubres y luego maximizas. Si no tienes una pasión, eres un don nadie. No eres interesante. Ese es el mensaje de la cultura popular actual, que encaja perfectamente con la obsesión de nuestra cultura por las pruebas de personalidad. La pasión se ve como algo que hay que descubrir porque, como la personalidad, es algo que se supone innato y único.

En su libro *Hazlo tan bien que no puedan ignorarte*, Cal Newport sostiene que, en vez de intentar encontrar tu pasión, deberías desarrollar habilidades raras y valiosas. Encuentra una necesidad y empieza a satisfacerla. Una vez que hayas desarrollado las habilidades y empieces a ver el éxito, la pasión llegará como un subproducto orgánico, o un efecto indirecto. Como él mismo escribe: «La pasión llega después de haber trabajado duro para ser excelente en algo valioso, no antes. En otras palabras, lo que haces para ganarte la vida es mucho menos importante[35] que el cómo lo haces».

La perspectiva de Newport sobre la pasión encaja perfectamente con la investigación sobre la motivación. Como la pasión, la motivación no es algo que se tiene que descubrir, sino que se crea a través de acciones proactivas y atrevidas.

Tanto la pasión como la motivación son efectos, no causas. Como dijo el doctor Jerome Bruner, psicólogo de Harvard: «Es más probable que actúes para sentir, que sientas para actuar».[36] Como se ha dicho antes, la confianza funciona igual. No puedes tenerla primero: debe ser un subproducto de una acción elegida y coherente con el objetivo.

Querer la pasión primero, antes de hacer el esfuerzo, es como querer que te paguen antes de empezar un trabajo. Es un pensamiento de enriquecimiento rápido y absolutamente perezoso. Equivale a querer tener una personalidad completamente desarrollada sin hacer ningún esfuerzo, sin ser creativo, sin asumir ninguna acción o riesgo ni experimentar ningún cambio. Es como un niño rico mimado que quiere que se lo den todo hecho.

La pasión es el premio, pero primero hay que invertir.

La personalidad no es diferente: no es algo que descubres, sino algo que creas a través de tus acciones y comportamientos.

La idea de que la personalidad debe descubrirse proviene del mismo razonamiento erróneo de que la personalidad es innata y se basa en el pasado.

No es así.

La personalidad, al igual que la pasión, la inspiración, la motivación y la confianza, es un subproducto de tus decisiones en la vida. Es una idea limitante e inefectiva ver tu personalidad como la fuerza motriz de las decisiones que tomas en tu vida, como elegir una carrera que crees que se ajusta a tu personalidad actual.

¿Crees que Gandhi, la Madre Teresa o cualquier otra persona que haya tenido un gran impacto tomaron sus decisiones basándose en su personalidad? ¿O tomaron sus decisiones basándose en algo mucho más grande, y luego se convirtieron en quienes eran mediante su compromiso con dicha decisión?

El propósito triunfa sobre la personalidad. Sin un profundo sentido del propósito, tu personalidad se basará en evitar el dolor y perseguir el placer, lo cual es una manera de actuar animalesca y de ínfima índole. Esta es la opinión y el enfoque común sobre la personalidad para la mayoría. Sin embargo, cuando te impulsa un propósito, serás muy flexible y tomarás decisiones independientemente del dolor y placer para conseguir convertirte en lo que quieras.

Además, si tomas en serio tu propósito, este cambiará tu personalidad. Tu propósito no es algo que descubres, sino algo que finalmente eliges para ti. Deja de buscarlo y elige, y luego permite que dicha elección te transforme.

En lugar de que tus decisiones y objetivos sean el subproducto de tu personalidad, tu personalidad debería convertirse en el subproducto de tus decisiones y objetivos.

A medida que vayas tomando decisiones positivas de manera proactiva e intencional, y busques nuevas experiencias, tu personalidad se desarrollará y cambiará de manera significativa. Se adaptará al nivel de tus objetivos y decisiones, en vez de que tus decisiones y objetivos caigan al nivel de tu personalidad actual.

Intentar descubrir tu personalidad lleva a la inacción, a evitar las conversaciones difíciles, a distraerte con el consumo y a poner excusas por cómo estás viviendo actualmente. Te coloca en el asiento del pasajero de tu propia vida. En cambio, puedes y debes ser el conductor. Puedes ser el creador.

Otro problema inherente a la opinión de que tu personalidad es algo que descubres es que te conduce a un pensamiento muy egocéntrico. La vida gira en torno a ti, a ti, y a ti. Tomemos como ejemplo la frustración actual que sienten los *millennials* como fuerza laboral. Los *millennials*, justa o injustamente, son vistos como perezosos y privilegiados porque son reacios a hacer algo que no les apasione. Caen en la trampa de creer que su pasión es algo que debería surgir de manera inmediata e instintiva, en vez de hacerlo a través de un proceso de desarrollo de conocimientos y habilidades, y contribuyendo.

En una entrevista para *Inside Quest*, el autor y experto en liderazgo Simon Sinek explicó que los *millennials* nunca están satisfechos en el trabajo en parte porque les han educado para creer que pueden tener todo lo que quieren no porque se lo hayan ganado, sino simplemente porque lo quieren. Han recibido trofeos que no se han ganado. Han sido criados con la tecnología y la gratificación instantánea. La dinámica del poder en las escuelas y universidades ha cambiado hasta el punto de que los padres discuten a menudo con los profesores por las calificaciones de sus hijos, e insisten en que los profesores les den mejores notas.

Recibir premios por quedar en último lugar y no aceptar las calificaciones que realmente obtuviste pueden dañar tu confianza a largo plazo. Sinek y otros argumentan que a los *millennials* no se les ha enseñado a ganarse lo que quieren en la vida, sino que esperan obtenerlo sin esfuerzo. Dada la falta de autoestima y el deseo de gratificación instantánea, tiene todo el sentido del mundo que las pruebas de personalidad sean tan atractivas. Te dan un resultado instantáneo y fácil, sin ninguna reflexión o responsabilidad por tu parte.

Las pruebas de personalidad son la comida basura del alma. Te hacen creer que puedes descubrir tu yo verdadero en un instante. Al igual que la sugerencia de Katharine Briggs de que todo comportamiento debe acomodarse, las pruebas de personalidad pueden hacer que te sientas justificado por quién eres actualmente y por cómo te va en la vida.

No estás justificado. Ni has descubierto tu personalidad.

En vez de esperar a que la vida venga hacia ti, o que tus padres o seres queridos acudan en tu ayuda, ¿por qué no tomar las riendas de tu propia vida? ¿Por qué no aprender a tomar decisiones y dirigir el barco de tu vida? ¿Por qué limitarte en función de lo que eres ahora? ¿Por qué evitar el fracaso y el incumplimiento causados por una identidad frágil? ¿Por qué no ver cómo te conviertes en una persona excelente como resultado de tus propias decisiones y esfuerzos?

Según Cal Newport, la idea de encontrar tu pasión se basa en el ensimismamiento. La gente quiere encontrar un trabajo que le apasione porque le han enseñado que el trabajo lo es todo por y para ellos. Las personas con más éxito del mundo saben que el trabajo consiste en ayudar y crear valor para otras personas. Como afirma Newport: «Si quieres amar lo que haces, abandona la mentalidad de la pasión ("¿Qué puede ofrecerme el mundo?") y adopta en cambio la mentalidad del artesano ("¿Qué puedo ofrecer yo al mundo?")».

Hay un último problema con intentar «descubrirte» a ti mismo: te conduce a convertirte en alguien increíblemente inflexible ante situaciones aparentemente difíciles, complejas o fuera del alcance de tus fortalezas «innatas». En vez de adaptarnos a las situaciones difíciles, nos aplicamos a nosotros mismos perezosamente etiquetas, como la de «introvertido», para justificar nuestra falta de voluntad, apertura y compromiso en diversos escenarios. Como resultado, caemos al nivel de nuestras etiquetas en vez de elevarnos al nivel de nuestro compromiso. A su vez, evitamos el conflicto, la dificultad y la novedad, encerrándonos en una perspectiva superficial de nosotros mismos. Dificultamos nuestro crecimiento. Solo hacemos lo que nos aporta gratificación instantánea o resultados inmediatos.

Creer que tienes que descubrir tu personalidad es una *mentalidad fija* que te impide aprovechar y crear oportunidades que te transformarán como persona.

En 2015, durante el primer año de mi programa de doctorado, mi mujer, Lauren, y yo nos convertimos en padres de acogida de tres niños. Pasamos de no haber criado nunca ni haber estudiado nada sobre la paternidad a tener tres niños con todas sus implicaciones de apego y necesidades emocionales.

Durante mi primer año como padre de acogida, lidié continuamente con desafíos que parecían ir más allá de lo que podía manejar con mis «habilidades naturales». Nunca me he sentido más humilde o descompuesto. Es más, casi no sentí ninguna pasión o entusiasmo por criar a los niños durante ese primer año. De hecho, a menudo evitaba ir a casa porque era muy difícil y doloroso. Criar es, y sigue siendo, la cosa más difícil que haya hecho jamás, como saben muchos padres. Sentía como si tuviese una lupa enfocada sobre mis debilidades.

A menudo me decepcionan mis reacciones o mi falta de paciencia, compasión y empatía hacia mis hijos. Pero de vez en cuando hay algún momento en el que me sorprendo a mí mismo, ya sea por lo que estoy dispuesto a hacer por mis hijos o por lo mucho que realmente los quiero.

Ser padre no es nada fácil o «natural». Es una curva de aprendizaje para todos. Pero ha sido y sigue siendo una *experiencia transformadora* para mí, lo que ha hecho que mejorase no solo yo, sino mi vida por completo. Y ser padre se está convirtiendo en una pasión e interés crecientes para mí, algo que quiero hacer y mejorar cada día. Algo en lo que sé que puedo ser excelente.

A menudo es el hecho de aceptar oportunidades o responsabilidades por encima de (o aparentemente «contrarias» a) tu nivel de habilidad y experiencia lo que fuerza el mayor crecimiento. Si te quedas esperando a encontrar algo por lo que sientas una pasión inmediata o intuitiva, entonces te vas a perder la mayoría de tus mejores oportunidades de crecimiento y éxito. Te perderás innumerables oportunidades de llegar a ser más de lo que eres actualmente. No te darás cuenta de la verdad de que tu personalidad, al igual que la pasión, es algo que creas en función de lo que le das a la vida.

Esperar a que una oportunidad apasionante se alinee con tu personalidad innata es el equivalente a decir: «Hay millones de oportunidades para crecer ahí fuera. Pero voy a esperar a la que, entre un millón, encaje perfectamente con la experiencia y perspectiva estrechas que tengo actualmente».

El «problema de descubrir» también aparece en las relaciones. Debido a que la gente tiene la idea de una personalidad fija e innata, pasa mucho tiempo buscando a la persona «perfecta» con la que salir y casarse. Muchas personas nunca se comprometen en relaciones de larga duración por este malentendido fundamental sobre las personas. Creen que cuando encuentren a la persona «adecuada», todo saldrá bien.

Esto es ignorancia. Formar un matrimonio o pareja de éxito es igual de difícil, y tan gratificante, como ser padres.

Al igual que nunca te «encontrarás» a ti mismo, jamás encontrarás a esa alma gemela perfecta. La razón por la que las personas quieren encontrar a la persona perfecta, al igual que quieren encontrar el trabajo perfecto, es porque la perspectiva del «descubrimiento» es egoísta. El objetivo final consiste en obtener tu propia gratificación y felicidad, en vez de que sea la felicidad el subproducto de algo mucho más grande. Clayton Christensen, profesor de empresariales de Harvard, dijo al respecto: «El camino hacia la felicidad consiste en encontrar a alguien a quien quieras hacer feliz, alguien a cuya felicidad merezca la pena consagrarse».[37]

Consejo profesional: *no te cases por la personalidad.* ¿Por qué? Porque la personalidad cambiará con el tiempo. Obviamente, tiene que haber una conexión. Pero la personalidad inicial de la que te enamoras no será la misma dos, cinco, diez o veinte años más tarde. A medida que el contexto y la complejidad de la relación evolucionan —trabajos, dinero, mudanzas, hijos, viajes, envejecimiento, tragedias, éxitos, nueva información, nuevas experiencias, cambios culturales, cambios de identidad—, la personalidad de cada uno cambiará.

Además, incluso la personalidad más fascinante o atractiva perderá su novedad con el paso del tiempo. En vez de casarte con una persona por quien es actualmente, se necesita mucha más sabiduría y discernimiento para casarse por lo que se puede ver que será —su yo futuro— y cómo te permitirá convertirte en tu yo futuro deseado. ¿Casarte con esa persona te permitirá hacer y ser todo lo que realmente quieres? ¿Y le permitirás ser todo lo que realmente quiere? ¿En quiénes y en qué os podríais convertir si fuerais pareja?

Cásate por un propósito común, no por la personalidad. Ese propósito os transformará a ambos con el tiempo.

Desarrollar una relación poderosa no consiste en «encontrar», sino en *crear colaborativamente y convertirse* en nuevas personas juntos, a lo largo de la relación. Ambas partes deben adaptarse y cambiar, convirtiéndose en una unidad más unida que trascienda la suma de las partes. Si una o ninguna de las partes cambia por y a lo largo de la relación, entonces esta será desequilibrada y probablemente fracase. Las relaciones de alta calidad son transformadoras, no transaccionales. A menudo, la transformación es imprevisible e inesperada, ya que la colaboración es un acto creativo.

> Entonces, ¿qué propósito estás creando para ti mismo?
>
> ¿Qué pasaría si dejases de intentar encontrarte a ti mismo y en su lugar te convirtieses en alguien más creativo y colaborativo?
>
> ¿Cómo se desarrollaría y cambiaría tu personalidad si trabajases en ella, cincelándola y esculpiéndola a la manera deseada?
>
> ¿Quién serías si pudieses diseñarte creativamente a ti mismo?
>
> *(Pista: sí que puedes).*

Mito #5: La personalidad es tu verdadero y «auténtico» yo

El último mito es que tu personalidad es tu «auténtico» yo, al que debes ser «fiel». Este mito hace que las personas sean increíblemente inflexibles y estrechas respecto a cómo se ven a sí mismas.

Tomemos, por ejemplo, el hecho de que muchos adolescentes norteamericanos se están volviendo cada vez más inflexibles. Muchos estudiantes por todo el país demandan que se les deje de exigir hacer presentaciones orales en las clases, alegando que sus problemas con la ansiedad les hacen sentir «incómodos» con las presentaciones ante un público. Creen que no debería ser obligatorio hacer algo que les parece tan antinatural.

En un artículo publicado en el *Atlantic* titulado «*Teens Are Protesting In-Class Presentations*» (en español, «Los adolescentes protestan contra las presentaciones en clase»), un quinceañero tuiteó la siguiente petición, que obtuvo más de 130 000 retuiteos y casi medio millón de «me gusta»: «Dejad de forzar a los estudiantes a hacer presentaciones delante de la clase y dadles la opción de no hacerlo».[38] Otro adolescente tuiteó: «Profesores, por favor, dejad de forzar a los estudiantes a hacer presentaciones delante de la clase y a levantar la mano a cambio de buenas notas. La ansiedad es real». Ula, una niña de catorce años de octavo grado (segundo de la ESO), declaró: «Nadie debería ser forzado a hacer algo que le incomode.

Aunque hablar delante de la clase supuestamente ayuda a desarrollar la confianza y es parte del trabajo escolar, creo que si un estudiante se siente realmente incómodo y ansioso por ello, probablemente deberíais hacerlo menos estresante. El colegio no es algo que un alumno deba temer».

Curiosamente, muchos profesores están de acuerdo con estos estudiantes y buscan aportar experiencias de aprendizaje alternativas que sean menos arriesgadas emocional y socialmente, y más cómodas. En vez de ayudar a los estudiantes a ser más maduros y seguros de sí mismos, estos profesores están satisfaciendo sus demandas, validando esencialmente la mentalidad fija de los adolescentes y su falta de flexibilidad psicológica.

Un problema fundamental de la idea tradicional de una personalidad fija e innata es que la gente se siente con derecho a hacer solo las cosas que le resultan naturales o fáciles. Si algo es duro, difícil o incómodo, entonces la gente dice: «No debería hacer esto».

Es instructivo que la «autenticidad» sea un valor altamente apreciado en la sociedad moderna. Las personas creen que tienen un yo «auténtico» —su «verdad»—, que es a quien deberían ser fieles. Este yo es visto como innato, el yo «verdadero». Esta manera de pensar lleva a las personas a decir cosas como: «Debo ser sincero conmigo mismo. No debería mentirme a mí mismo. Debería ser capaz de hacer lo que me parezca a mí correcto».

Aunque bien intencionada, esta forma de pensar refleja una mentalidad fija, y a menudo una reacción al trauma o a una falta de conexión saludable con los padres. A menudo, los niños en situaciones familiares muy extremas —ya sean excepcionalmente estrictas o prácticamente sin normas— desarrollan este deseo de autodirección basado en las emociones.

Conozco a muchas personas que ahora, como adultos maduros, eligen limitar sus vidas en nombre de la «autenticidad» y de ser «reales» consigo mismas. La cultura popular ha llevado a la gente, como a la chica de octavo grado que mencionamos antes, a definir la «autenticidad» como «lo que siento en este momento». Al profundizar y hacer preguntas, a menudo descubro que estas personas se sienten ineptas y temen no estar a la altura de las exigencias de sus padres.

El deseo de ser «auténticos» hace que las personas se queden atascadas en patrones dañinos y atrapadas en sus inseguridades. Compara a los estudiantes de instituto que se quejaban con Adam Grant, profesor de empresariales de Wharton y autor de *bestsellers* del *New York Times*, que explicó cómo superó su ansiedad por hablar en público. Con el fin de convertirse en quien quería ser, tuvo que renunciar a sus ideas sobre su yo «auténtico». En un discurso de graduación que dio en la Universidad Estatal de Utah, Grant dijo:

> Si la autenticidad es el valor que más aprecias en la vida, corres el peligro de impedir tu propio desarrollo. Cuando estaba en la escuela de posgrado, una amiga me preguntó si podía dar una lección como invitado en su clase. Estaba aterrorizado de tener que hablar en público, pero quería ser de ayuda, por lo que accedí. Supuse que sería una buena oportunidad de aprendizaje, así que después de la clase les pasé unos formularios de evaluación preguntando cómo podía mejorar. Fue brutal. Un estudiante escribió que estaba tan nervioso que hacía que toda la clase temblara físicamente en sus asientos. A mi yo verdadero no le entusiasmaba hablar en público. Pero empecé a ofrecerme como voluntario para dar más lecciones como invitado, sabiendo que era la única manera de mejorarlo. No estaba siendo fiel a mí mismo, estaba siendo fiel al yo en el que me quería convertir.[39]

Hoy en día, la «autenticidad» suele ser otra manera de decir: «Tengo una mentalidad fija. Soy de cierta manera y no debe esperarse que haga nada salvo lo que me viene de forma natural y sea fácil para mí. No tendría que hacer nada salvo lo que haga que me sienta bien en este momento».

Tu yo auténtico no es quien eres en la actualidad, y definitivamente no es quien solías ser antes. Tu yo auténtico es aquello en lo que más crees y lo que aspiras ser. Además, tu yo auténtico va a cambiar. Ser auténtico es ser honesto, y ser honesto es enfrentarse a la verdad, no justificar tus limitaciones porque no quieres sentirte incómodo teniendo conversaciones difíciles.

¿En quién quieres convertirte realmente?

¿Qué pasaría si dejases de intentar ser «auténtico» y, en cambio, te enfrentases a la verdad de por qué te estás limitando?

¿Qué pasaría si tuvieses conversaciones difíciles con las personas importantes en tu vida?

¿Qué pasaría si fueses «fiel» a tu yo futuro, y no a tus miedos actuales?

Conclusión

Tu personalidad no es algo que pueda captarse con una simple prueba de personalidad. Tu personalidad no es innata e invariable. No es tu pasado, y definitivamente no es tu yo «real» ni «auténtico». No es algo que tengas que salir a descubrir para poder empezar finalmente a vivir tu vida.

Aunque estas perspectivas son comunes, son mitos destructivos que limitan tu potencial y tu libertad como persona. Si ya has sido presa de cualquiera de estos mitos culturales, te invito a que los dejes ir, o por lo menos a que cuestiones su validez e impacto en tu vida y tu futuro.

Cuando te observas a ti mismo o a otra persona, no ves solo un «tipo» invariable. En cambio, lo que ves es una identidad, una narración, un montón de historia, expectativas, cultura y mucho más. Las personas somos dinámicas. Deberíamos ser más empáticos y comprensivos en vez de sentenciosos y superficiales.

Como pronto descubrirás, tu personalidad es algo que puedes decidir y crear por ti mismo. La personalidad es dinámica y maleable. Cuando entiendes cómo funciona y las palancas que la mueven, te conviertes en el director de lo que quieres llegar a ser. Puedes avanzar radicalmente en la vida y en el éxito. Puedes convertirte en un mejor aprendiz y ser más flexible y adaptable. Tu pasado y tu futuro pueden convertirse cada vez más en una historia a la que das forma y defines.

El resto de este libro te enseñará cómo.

CAPÍTULO 2

La verdad sobre la personalidad

> Tu visión de dónde quieres estar o quién quieres ser es la mayor propiedad que tienes. Sin tener una meta, es difícil alcanzarla.[1]
>
> —Paul Arden

Tras pasar catorce años en prisión, Andre Norman ha estudiado en Harvard y ha dedicado su vida a ayudar a otras personas. Aunque la transformación de Andre ha sido increíble e inesperada, la razón por la que fue a la cárcel puede que sea, ante todo, incluso más sorprendente.

Andre fue a la cárcel porque dejó de tocar la trompeta a los catorce años.

Mirando hacia atrás en su pasado, Andre se dio cuenta de que dejar la trompeta se convirtió en el punto de inflexión de su vida, lo que le llevó a dejar todo lo demás que le importaba. Incluido él mismo.

«La gente mala no va a la cárcel», explicó Andre a mis hijos en el salón. «Solo los que renuncian».

Andre creció en un gueto de Boston. Estaba rodeado de otros chicos con problemas en un entorno corrosivo y básicamente sin ninguna oportunidad de «salir de ahí». Pero por la providencia, o por suerte, su profesora de sexto grado (sexto de Primaria), la Sra. Ellis, vio potencial en él. Fue la profesora de la banda de Andre de sexto a octavo grado (segundo de la ESO).

Le ayudó a aprender a tocar la trompeta y demostró un amor e interés genuinos hacia Andre que nunca antes había recibido. Con el paso del tiempo, Andre no quiso defraudarla. No hizo mucho en sus otras clases, pero se presentaba a la de la Sra. Ellis. Le importaba. Durante unos años con la Sra. Ellis a su lado, Andre empezó a desarrollar un talento para la trompeta.

Ese instrumento era lo único en su vida que le daba una salida saludable y creativa. Su trompeta le dio una razón para ir al colegio. Durante un tiempo, fue una característica definitoria de su identidad. Algo en torno a lo que construía sus esperanzas futuras. Algo que le daba un sentido de identidad y un propósito.

Cuando llegó el momento de que Andre fuera a la escuela secundaria, el Sr. Ellis rellenó proactivamente el papeleo para que pudiese ir a un instituto especializado en vez de al instituto del distrito, al que iría la mayoría de sus compañeros. Este instituto especializado tenía un buen programa de música y su marido, el Sr. Ellis, era el maestro de la banda. Sintió que su marido podría apoyar a Andre y que la banda podría ser su soporte a lo largo del instituto, ayudándole a evitar innumerables trampas a su alrededor.

Andre discutió con la Sra. Ellis sobre la decisión. Pero al final ella acabó ganando. Andre la respetaba porque ella le defendía, incluso de otros profesores que no veían nada en él.

Andre fue al instituto especializado para cursar noveno grado (tercero de la ESO). Pero no cumplió exactamente los deseos ni las expectativas de la Sra. Ellis. Explicándome la situación, Andre me contó que tenía dos personalidades en aquel momento. Por una parte, era un chico al que le encantaba la música. Por otra, uno que quería ser guay, no empollón.

Veía a los otros chicos de la banda como empollones. No quería pasar tiempo con ellos a pesar de amar la banda. No se identificaba realmente con ellos, y no quería hacerlo. En cambio, se rodeó de lo que él percibía como chicos «guays», que también resultaron ser problemáticos.

Pocos meses después de empezar su primer año, los amigos «guays» de Andre se cansaron de verle con su trompeta. «Si sales con jugadores de baloncesto, no deberías llevar una pelota de béisbol», me dijo. «No lo entenderán».

«Deshazte de esa estúpida caja o no podrás salir con nosotros», le dijeron.

Fue una decisión difícil, pero Andre cedió a la presión social. Tiró su trompeta a un contenedor, y con ella esa parte de él que amaba la música. Sin su trompeta, ahora solo se veía a sí mismo de una manera: como alguien que era guay. Desde su perspectiva de entonces, eso significaba replicar los comportamientos delictivos juveniles de sus amigos. La trompeta, que antes representaba su «propósito», había desaparecido.

Sin su propósito y la identidad que lo acompañaba, Andre ya no tenía razones para seguir yendo al colegio. Ya no encajaba con su identidad ni con sus objetivos. Dejó de hacer malabarismos con dos mundos distintos y, en su lugar, se lanzó de lleno al comportamiento criminal y la identidad de su grupo social. Con el tiempo, empezó a verse a sí mismo como alguien que haría daño o mataría para conseguir lo que quería. Y en eso se convirtió.

A los dieciocho años, Andre fue a la cárcel por robar a unos traficantes de droga.

Durante los seis primeros años que estuvo ahí, Andre se volvió cada vez más hostil hacia aquellos que le rodeaban. La cárcel es un entorno peligroso, y Andre se adaptó completamente. Se dio cuenta rápidamente de que había una jerarquía en el mundo de las bandas. Tu rango en la jerarquía se basa en el número y tipo de actos violentos que lleves a cabo.

«Tienes que ganarte a la multitud, como en la película *Gladiator*», me dijo. «Necesitas a la multitud de tu lado. Todo es cuestión de reputación y personalidad. Solo eres tan bueno como lo hayas sido en tu última pelea».

Andre empezó a ascender de rango en las bandas de la cárcel, haciéndose famoso entre esa gente. Un día, llevó cuchillos al gimnasio de la cárcel con la idea de matar a ocho personas específicas y luego a cualquier otra que no le gustase. Sabía que iba a recibir ocho cadenas perpetuas, y pensó: «Ya que estoy, puedo añadir unas cuantas». Su objetivo era ascender en la jerarquía.

En el gimnasio, acabó apuñalando a unas cuantas personas.

«Nadie murió, solo fue un montón de intentos de asesinato», me contó, con cierto alivio.

Este hecho le hizo pasar dos años y medio en régimen de aislamiento y añadió diez años a su condena. Pero también le convirtió en el número tres en la jerarquía. Y este era su objetivo y su interés, por lo que los años extra en prisión y el confinamiento fueron medallas de honor. Símbolos de su creciente estatus y fama. La solidificación de la identidad que estaba creando.

Su objetivo formó su identidad, su identidad formó sus acciones y sus acciones formaron quién era y en qué se estaba convirtiendo. Es así como se desarrolla la personalidad.

Un día, hacia el final de su periodo de aislamiento, Andre estaba fuera, en el patio, para su hora diaria de «recreo». Entonces, un amigo suyo le contó que habían apuñalado a algunos de su banda en otra cárcel durante un motín la noche anterior.

Estas noticias enfurecieron a Andre, que inmediatamente empezó a concebir un plan para asesinar a los de su unidad que estuviesen vinculados con el motín. «Unos blancos apuñalaron a mis amigos, por lo que voy a matar a todos los blancos de mi unidad de aislamiento», pensó.

El pensamiento de Andre era increíblemente en blanco y negro, literal y figurativamente. Como unos blancos habían apuñalado a sus amigos, consideró que «los blancos» tenían la culpa y debían ser castigados. «Si unos mexicanos hubieran apuñalado a mis amigos, habría intentado matar a todos los mexicanos», me dijo. El pensamiento en blanco y negro de Andre refleja la visión tradicional y común de la personalidad. Vemos a las personas como tipos. Las categorizamos. Ignoramos los matices y el contexto. Confirmamos nuestros prejuicios. Ignoramos de manera intencional y subconsciente lo que no queremos ver.

Había siete blancos en la unidad de aislamiento de Andre. Los siete eran también miembros «de renombre» de una banda. Matarlos pondría a Andre incuestionablemente en el puesto número uno. Esta era su oportunidad. Sus objetivos y su visión estaban por fin a su alcance.

«Una vez que este tío acabe de hablar, voy a matar a esos tipos. Y entonces seré el jefe», pensó Andre mientras escuchaba a su amigo relatar el motín.

Pero antes de que su amigo acabara de hablar, algo inesperado le pasó a Andre. Entendió, a un nivel más espiritual, cuál sería el resultado final de sus acciones y objetivos. La única manera en que puede explicarlo es que recibió una revelación de Dios. Fue así de profundo.

> Dios me dio mi momento de *El mago de Oz* ese día. Al final de la película, Dorothy se da cuenta de que no hay un Mago de Oz. Todo es humo y espejos. Todo es un engaño. Antes de ese momento, pensé que me convertiría en el rey del mundo. Ahora me doy cuenta de que me iba a convertir en el rey de ninguna parte. Esto no es nada.

Su amigo el cuentacuentos notó que Andre había desconectado. «¡Eh! ¿Qué pasa, tío? ¿Me estás escuchando?».

Andre estaba totalmente ensimismado. Estaba cayendo en la cuenta de que intentar ser el número uno de la banda en la cárcel era como perseguir al Mago de Oz. Había estado en el camino de baldosas amarillas los últimos seis años. Una vez que llegase al final, no habría nada. Todo era un fraude. Una búsqueda superficial.

Gran parte de su vida e identidad estaban pasando por delante de sus ojos. A nivel emocional y espiritual, estaba cuestionando finalmente la validez de sus objetivos de entonces. Estaba considerando el resultado final, y si dicho resultado —su yo futuro y todo lo que implicase— era algo en lo que valía la pena invertir y convertirse.

Este momento, en el que Andre se cuestionó de verdad a sí mismo y sus objetivos, es fundamental para convertirse en un ser humano consciente. Es una experiencia que tú también debes tener. Piensa durante un momento en tus objetivos y ambiciones.

> ¿Qué estás intentando lograr realmente en tu vida?
> ¿Cuál es el fin último de lo que estás haciendo?
> ¿Por qué has elegido *esto*?

> ¿Vale la pena lo que estás haciendo?
> ¿Estás en un camino de baldosas amarillas hacia ninguna parte?
> Y aunque te estés dirigiendo a «algún sitio», ¿estás apuntando demasiado bajo?

El doctor Stephen Covey dijo una vez: «Si la escalera no está apoyada en el muro correcto, cada paso que damos solo nos lleva más rápido al lugar equivocado». La confianza que estás buscando y el poder que sabes que tienes dentro de ti no pueden desbloquearse si estás persiguiendo la meta equivocada.

¿Qué hay al final de tu camino de baldosas amarillas?

¿Hacia dónde se dirige tu vida ahora?

¿En qué muro se apoya tu escalera, y dónde estarás cuando llegues a la «cima»?

Andre no apuñaló a nadie ese día. En lugar de eso, volvió a su celda, se sentó en la cama y pensó: «Si no voy a ser el rey de ninguna parte, ¿entonces qué voy a hacer?».

Tuvo que replantearse toda su vida. Su plan de los últimos años era ser el rey. Ahora, ser «el rey» no significaba nada. Necesitaba un nuevo objetivo.

Al principio, decidió que quería salir de la cárcel. Ya no quería estar ahí. Pero luego pensó que «salir» no era suficiente. El setenta y cinco por ciento de las personas que salen de la cárcel vuelven a entrar. Las lecciones se repiten hasta que se aprenden. En vez de «ser libre», Andre se propuso «tener éxito».

«¿De dónde viene la gente de éxito?», se preguntó. «Viene de la universidad. Si yo también voy a la universidad, entonces tendré éxito», razonó.

Habiendo crecido en Boston, solo conocía el nombre de una universidad: Harvard. Sentado en su celda, replanteándose su vida y su futuro tras su momento Mago de Oz, decidió que iba a ir a Harvard.

Harvard se convirtió en la nueva trompeta de Andre.

Eran un objetivo y un propósito a los que valía la pena aspirar. Como con su trompeta, construiría una nueva identidad en torno a Harvard, una identidad que guiaría su comportamiento, sus amigos y sus elecciones. Se fijó en ese objetivo. Se convirtió en su propósito de ser. Le dio algo útil y constructivo en lo que pensar, trabajar y edificar su nueva vida.

Ese único objetivo, su nuevo propósito, proporcionó a Andre un camino para salir de la cárcel y convertirse en una nueva versión de sí mismo. En última instancia, forjó en él una nueva personalidad.

Andre tardó otros ocho años en salir de la cárcel. Durante esos ocho años, se mantuvo ocupado. Todo lo que hizo fue filtrado y alimentado por su nuevo propósito. Cuando el *porqué* es lo suficientemente fuerte, puedes salir adelante y hacerlo *como* sea. Andre aprendió a leer y escribir por sí mismo, estudió derecho y aprendió a controlar su ira. Un rabino ortodoxo se convirtió en su mentor, ayudándole a entender su vida y cómo esta había acabado siendo como era. Acabó por entender el perdón, la responsabilidad, la rendición de cuentas y el deber.

«El rabino me enseñó a ser humano», me dijo Andre.

El nuevo objetivo de Andre creó una nueva lente que le permitió verse a sí mismo y su entorno de manera diferente. Dejó de prestar atención a las fuerzas negativas que le rodeaban y empezó a centrarse en las oportunidades de progresar hacia su objetivo.

Cuando Andre salió de la cárcel, se convirtió en un símbolo para los hombres que salen de la cárcel y cambian su vida. Se hizo famoso. Dio charlas por todo el mundo, incluso en universidades prestigiosas como el MIT* y Harvard.

---

* Iniciales en inglés del Massachusetts Institute of Technology, o Instituto Tecnológico de Massachusetts, en español.

Se convirtió en miembro de Harvard en 2015, dieciséis años después de salir de la cárcel. Tiene su propia oficina en la universidad, donde se han financiado sus proyectos para reducir los disturbios y la delincuencia en EE. UU. Ahora Andre es un orador público internacionalmente reconocido, que ha ayudado a miles de personas a superar sus adicciones y a mejorar sus vidas.

La historia de Andre demuestra la verdad de la personalidad. Sus propósitos fueron los que dieron forma a su personalidad. Primero, fue su trompeta; luego, ser el rey y luego Harvard. Cada propósito dio forma a un Andre diferente.

Tu personalidad es un efecto, no una causa. Las principales causas que moldean tu personalidad son tus objetivos y la identidad y el comportamiento que derivan de esos objetivos. Para la mayoría de la gente, la personalidad es una reacción a los acontecimientos de la vida, las circunstancias y las presiones sociales. No se diseña intencionadamente. No se cuestiona. No se elige.

Cuando tienes la intención de saber hacia dónde te diriges, entonces te puedes convertir en quien tú quieras. Puedes salirte de tu camino de baldosas amarillas. Puedes dejar de lado lo que has sido. Tu pasado no tiene por qué ser el mayor predictor de quien eres. Tu comportamiento no necesita ser consecuente con lo que has sido. Puedes cambiar. Y de manera radical.

Analicemos esto un poco más.

Tus objetivos dan forma a tu identidad

Te des cuenta o no, todo lo que haces tiene un propósito, o un objetivo; y estos objetivos son los que conforman tu identidad. Cuando Andre se deshizo de su trompeta, seguir adelante en la banda y convertirse en músico dejaron de ser su objetivo. Como resultado, se desprendió de ese aspecto de su identidad. Su propósito pasó a ser encajar con sus amigos, lo que dio forma a su identidad, sus acciones y sus circunstancias. Con el tiempo, esas cosas moldearon su personalidad y su futuro.

Tus objetivos, y no un conjunto de rasgos fijos predeterminados, son los que dan forma a tu identidad. Con el tiempo, y mediante un comportamiento repetido, tu identidad se convierte en tu personalidad.

Un antiguo concepto filosófico conocido como *teleología* (del griego antiguo *telos*, que significa 'objetivo final') puede ayudarnos a entender cómo funciona esto. Todo comportamiento humano está *impulsado fundamentalmente por y en función de su fin, propósito o meta*. Sin embargo, esos objetivos pueden no ser explícitos ni estar bien definidos. Entrar en YouTube para distraerse unos minutos tiene un propósito, aunque sea solo para distraerse. Pagar las facturas. Pasar tiempo con tus amigos. Incluso dedicarse a pasatiempos e intereses.

Incluso el comportamiento más benigno e improductivo está impulsado por un objetivo. Procrastinar y distraerse tiene un objetivo, incluso si dicho objetivo es entumecerse un rato.

Todo comportamiento tiene una razón. Darte cuenta de por qué adoptas un comportamiento específico es fundamental para convertirte en un ser humano consciente. Ver que cada acción que realizas está motivada por un objetivo te permite evaluar la calidad de tu toma de decisiones.

> ¿Por qué adoptas este comportamiento?
>
> ¿Cuál es el propósito, razón o fin?
>
> ¿Cuál es el objetivo?
>
> ¿Cómo se alinea este «objetivo» con lo que, en última instancia, estás tratando de hacer?

Todo comportamiento está motivado en última instancia por un resultado. Ese resultado puede ser espiritual, económico, urgente, social o emocional.

Si preguntases a Andre por qué le gustaba tocar la trompeta, puede que diga que porque era divertido, o porque le gustaba su profesora, la Sra. Ellis. Si le preguntases por qué quería encajar con los chicos guays, no podría dar muchas explicaciones, salvo que pensaba que eran «guays» y que quería ser como ellos. Andre no había examinado realmente sus objetivos y su efecto en su comportamiento. No era lo suficientemente consciente de adónde le llevarían sus deseos o intereses.

Como dijo Sócrates: «La vida sin examen no merece la pena ser vivida».[2]

Ahora, vamos a tomarnos un segundo para examinar tu vida. Empezaremos por examinar lo que has hecho en las últimas veinticuatro horas, ayudándote a ver que *todo* lo que haces está impulsado por un objetivo. Después, profundizaremos en las tres fuentes fundamentales de las que provienen nuestros objetivos.

Primero, saca una hoja de papel y dibuja una línea vertical en el centro. Escribe la palabra «Actividad» arriba a la izquierda; y la palabra «Razón» arriba a la derecha.

Después, enumera todas las actividades que recuerdes haber realizado en las últimas veinticuatro horas. Al menos, todo lo que pueda caber en esa página. Aquí tienes un ejemplo de algunas de las cosas que he hecho yo en las últimas veinticuatro horas y sus razones u objetivos asociados.

Ahora bien, es probable que cada una de estas «razones» tenga razones más profundas. Por ejemplo, aunque mi razón superficial para ir al gimnasio ayer era elevar mi ritmo cardíaco, si me preguntases: «Bueno, ¿por qué querías elevar tu ritmo cardíaco?», yo contestaría: «Para poder estar sano y centrado». Si insistieses y preguntases: «¿Y por qué quieres estar sano y centrado?», te daría otra razón.

Lo que quiero decir aquí es que hay una razón para todo lo que hiciste ayer. Los resultados impulsaron tu comportamiento —resultados que posiblemente no valores, en última instancia—. Cómo pasas tu tiempo importa. Refleja tus objetivos. Refleja los resultados que estás buscando para ti. Considerar lo que has hecho las últimas veinticuatro horas y después examinar la razón de tus actos te ayudará a ver cuáles son tus objetivos.

¿Por qué hiciste todo lo que hiciste ayer?

¿Qué resultados estabas buscando?

ACTIVIDAD	RAZÓN
Me levanté a las 5 a. m. para escribir	Plazo de entrega del libro
Escuché un audiolibro	Para tomarme un descanso, ponerme en marcha y sentirme inspirado
Comí	Satisfacer el hambre y distraerme un poco del trabajo
Vi vídeos de YouTube	Distraerme, pero también para ver si LeBron James había ganado
Hice ejercicio	Elevar mi ritmo cardíaco
Fui a la compra	Tomar zumo para tener energía después de hacer ejercicio
Hablé con Draye	Organizar las cosas para un lanzamiento que tenemos planeado
Grabé mensajes de voz durante una hora	Afinar el lanzamiento
Escribí unas cuantas horas más	La entrega del libro está pendiente
Recogí a Logan y a Jordan del colegio	Mantener a la familia y estar con ellos
Fui al partido de béisbol de Kaleb	Para apoyarle

¿Son esos resultados lo que realmente quieres? ¿O es tu comportamiento diario un reflejo de objetivos que te han sido impuestos, ya sea por la sociedad, las circunstancias, una experiencia traumática u otra cosa?

Solo serás capaz de controlar tu tiempo y a ti mismo cuando determines realmente lo que quieres para ti. Debes elegir conscientemente tus objetivos y luego perseguirlos apasionadamente. Dedicando tus días a actividades que te lleven a algo increíblemente importante, algo que verdaderamente valores, es como se vive sin arrepentimientos.

> Revisando tu lista de actividades de las últimas veinticuatro horas, ¿cuáles están alineadas con tu yo futuro?
>
> ¿Cuál de esos comportamientos no adoptará tu yo futuro?
>
> ¿Cuál de ellos, de ser eliminado, liberaría más espacio y energía para lo que realmente quieres?

Las tres fuentes de todos los objetivos

> La confianza personal proviene de progresar hacia objetivos que son mucho más grandes que tus capacidades actuales.
>
> —Dan Sullivan

Todo comportamiento se basa en objetivos. Pero ¿de dónde vienen los «objetivos»? Fundamentalmente, los objetivos provienen de tres fuentes:

1. Exposición
2. Deseo
3. Confianza.

1. Exposición

Charlie Trotter fue un chef estadounidense conocido por su influencia en la comida gourmet moderna. Durante años, su restaurante de Chicago fue considerado el más selecto y sofisticado de Estados Unidos.

Los platos costaban cientos de dólares, y se servían en un ambiente con clase y elegante. Y, regularmente, Trotter invitaba a grupos de niños pobres para comer gratis en su restaurante.

Lo hacía con la esperanza de elevar las aspiraciones y objetivos de estos niños. Para mostrarles un mundo completamente distinto al que estaban condenados a ver.

Estaba abriéndoles los ojos.

Trotter recibió muchas críticas por ofrecer a los niños desfavorecidos esta experiencia rara y única. Las quejas más comunes eran: «Harás que estén insatisfechos e infelices con sus vidas», y «Les ofreces expectativas poco realistas sobre lo que es posible».

Pero a Trotter no le importaba lo que decían los críticos, porque recibía regularmente correos de los mismos niños, expresando una inmensa gratitud por la experiencia y la inspiración. A menudo, los niños decían que querían ser chefs profesionales cuando fuesen mayores, o que cuando creciesen, pondrían un restaurante aún mejor que el de Trotter.[3]

Trotter proporcionaba a estos niños *experiencias que mejoraban su subconsciente*. Les exponía a una forma de vida diferente. Estaba proporcionando una experiencia emocional en un entorno enriquecido que abría la imaginación de los niños a nuevas posibilidades que nunca antes habían considerado.

No puedes elegir y tomar decisiones que no sabes que existen. Tu capacidad de elección está limitada por tu contexto y tus conocimientos. Cuando amplías ese contexto, amplías tus opciones.

Tus objetivos se basan en lo que has conocido. Por ejemplo, donde hice mi pregrado en Psicología, el programa enfatizaba la terapia y la psicología social. Como resultado, cuando solicité el ingreso en la escuela de posgrado por primera vez, me presenté a programas de psicología de asesoramiento, aunque no estaba seguro de que esos programas fuesen los más adecuados para mis objetivos finales.

Unos meses después de haber sido rechazado por todas las escuelas de posgrado a las que había enviado mi solicitud, Lauren y yo hicimos un viaje turístico a China de tres semanas. Allí conocí a un hombre que era el «líder» de Apple en toda la región asiática. Me dijo que su trabajo consistía en entrenar, motivar y ayudar a los directivos y equipos de Apple para ser más eficaces.

Mientras escuchaba a este hombre explicarme su trabajo, me dio de lleno en la cara. Me estaba explicando exactamente lo que yo quería hacer.

«¿Cómo conseguiste este tipo de trabajo?», le pregunté.

«Llegué a él de manera extraña» me dijo. «En realidad, soy licenciado en Derecho, pero me he abierto camino hasta este puesto. Sin embargo, mi jefe tiene un máster en Psicología I/O».

Interesante.

Recuerdo vagamente haber oído hablar de psicología I/O (industrial y organizativa) durante unos cinco minutos en una clase de introducción a la psicología. Pero aparte de eso, no había escuchado nada más al respecto durante mi licenciatura. Busqué en Google y me di cuenta de que básicamente encajaba perfectamente con lo que estaba intentado aprender y hacer.

La primera vez que solicité el ingreso a una escuela de posgrado, estaba limitado por lo que sabía. La segunda vez, tenía más información.

Aquellos que tienen éxito están constantemente exponiéndose a cosas nuevas. Viajan, leen libros, conocen gente nueva. Valoran la educación y el aprendizaje. Buscan sorprenderse. Rompen con sus paradigmas actuales felizmente por unos nuevos y mejores, sabiendo que, con mejor información, pueden tomar decisiones más informadas. Pueden fijarse mejores objetivos y aspiraciones para sí mismos. Pueden tener mejores razones.

El conocimiento es la clave para establecer objetivos. No se puede perseguir algo que no se sabe que existe. La exposición es la primera fuente de los objetivos. Lo que estás persiguiendo ahora, sea lo que sea, se basa en aquello a lo que has estado expuesto. Establecer mejores objetivos, y por lo tanto diseñar un futuro mejor, requiere aprender más, cambiar tu perspectiva y abrirte a algo nuevo. Como dijo el general James Mattis, vigesimosexto secretario de Defensa de los Estados Unidos: «Si no has leído cientos de libros, eres funcionalmente analfabeto y serás un incompetente porque tus experiencias personales no son lo suficientemente amplias como para sostenerte».[4]

Lee todo lo que tengas a tu alcance. Y después mejora a la hora de filtrar los mejores libros del resto. Leer biografías de personas inspiradoras es una de las mejores maneras de abrir tu mente a lo que puedes hacer y llegar a ser. Aprende sobre la condición humana, la historia, filosofía, psicología, espiritualidad, economía y más. A medida que lo hagas, cambiarás como persona. Tus opiniones cambiarán. Tu identidad cambiará. Tus objetivos cambiarán.

Más allá de leer libros, necesitas tener experiencias que te hagan crecer, permitiéndote ver un futuro diferente y dándote permiso para perseguir activamente ese futuro. A veces necesitas pasar por experiencias muy difíciles que te demuestren que puedes hacer cosas difíciles. Servir en una misión eclesiástica hizo eso por mí, al igual que completar un doctorado y convertirme en padre de cinco niños en un año natural. También he vivido muchos fracasos que me han hecho ser humilde. A través de todas estas experiencias, he emergido como una persona nueva. No evites las experiencias que te formarán y te transformarán. Tu yo futuro debe ser más fuerte, más sabio y más capacitado que tu yo actual. Eso solo ocurre a través de experiencias nuevas, rigurosas y desafiantes.

2. Deseo

No aspirarás ni te dedicarás a algo que no quieres. Las estadísticas demuestran que la mayoría de las personas odian sus trabajos. Aun así, tienen sus razones para ir a trabajar, ya sean sociales, financieras o de otro tipo. De este modo, soportan medios desagradables para alcanzar sus fines deseados.

Pasas tu tiempo participando en actividades porque, al final, crees que esas actividades te darán lo que quieres. Pero ¿y si quieres algo equivocado? O, dicho de otra forma, ¿qué pasaría si *quisieses otra cosa*?

¿Y si «pagar las facturas» ya no fuese el objetivo? ¿Seguirías con ese trabajo que odias?

El hecho de querer algo no significa que debas quererlo. Nuestros deseos no provienen de nuestra personalidad innata. En realidad, nuestros deseos se entrenan, comúnmente a través de las experiencias que hemos tenido, la sociedad, los medios y aquellos que nos rodean. Los deseos no son innatos. Se entrenan y se alimentan. Te aferras y te identificas con ellos. Tus deseos no deben confundirse con tu yo «verdadero». Son simplemente cosas a las que has atribuido un significado, significado que también puedes desechar o modificar.

Por ejemplo, digamos que eres un fanático de los deportes y lo has sido desde que eras joven. Puedes pensar que ser un aficionado al deporte es parte de tu personalidad innata.

Pues no.

Sí, los deportes son parte de tu personalidad e identidad. Pero tú eres quien alimenta activamente esa parte de tu personalidad. Podrías dejar de alimentarla. Podrías dejar de lado esa parte de tu identidad y, con el tiempo, dejar de estar interesado en los deportes. Puede que no sea tu objetivo ni tu interés, pero ciertamente es posible. Necesitarías una razón para dejar de identificarte con los deportes y seguir llevando esa parte de ti hacia el futuro.

Que quieras ahora algo no significa que lo vayas a querer dentro de cinco años, o incluso el año que viene. Si miras hacia atrás y piensas en lo que querías hace cinco años, es probable que mucho de lo que querías entonces ya no lo quieras. Has cambiado, tus circunstancias han cambiado, y por tanto tus objetivos han cambiado.

A menudo, tus deseos actuales —como dormir hasta tarde, un maratón de Netflix o quedarte despierto hasta tarde con los amigos— están reñidos con resultados mejores. Saber que los deseos pueden entrenarse, y que los tuyos actuales han sido entrenados, permite que te cuestiones tus deseos actuales. También te permite elegir proactivamente los deseos que valgan la pena y después entrenar dichos deseos para que sean genuinos y profundos.

Puedes conseguir desear cualquier cosa. También puedes elegir intencionadamente aquello por lo que entrenarte para desear.

Si tu yo futuro es tu versión evolucionada, entonces tiene un nivel de confianza, capacidad y libertad mayor del que tienes actualmente. Tiene objetivos, preocupaciones y deseos distintos de los que tienes ahora.

Ahora mismo, no quieres realmente lo que tu yo futuro quiere.

Tu yo futuro es un *gusto adquirido*.

Tienes que *aprender a querer* y valorar lo que no quieres actualmente. Si tu yo futuro es alguien existoso, debes aprender a querer lo que necesita para tener éxito. Si tu yo futuro es más sano, tienes que aprender a querer ser más sano. Entrenar tus deseos es esencial para elegir los objetivos que merezcan la pena.

Es posible que lo que quieras ahora mismo no sea realmente lo que merece la pena. Aquí puedo hablar por mí mismo: es posible que no valga la pena perseguir mis deseos y dirección actuales. Necesito hacer una pausa y cuestionarme lo que quiero actualmente. Sé que mi yo futuro, la persona que quiero ser, tiene el conocimiento, las habilidades, características, relaciones y mucho más que no tengo actualmente.

La personalidad tiene que ver con las preferencias e intereses. El «introvertido» *prefiere* sentarse en un rincón. Pero ese mismo introvertido puede, si quiere, entrenarse para preferir estar entre la multitud. Pero «estar entre la multitud» tendría que ser relevante para sus objetivos finales. El «extravertido» puede que tenga dificultades a la hora de sentarse solo en una habitación. Pero puede aprender a hacerlo, y a calmar su mente, si tiene un propósito.

Cuando evolucionas como persona, desarrollas un sentido del propósito que se expande más allá de tus preferencias e intereses personales. Este propósito te empuja fuera de tus preferencias, y finalmente cambia lo que eres.

El deseo se entrena persiguiéndolo activa e intencionadamente. Como se mencionó en el capítulo anterior, la pasión sigue al compromiso y a las habilidades. Puedes aprender a apasionarte por cualquier cosa. También puedes elegir intencionadamente aquello por lo que te apasiones. Como declaró Napoleon Hill: «El deseo es el punto de partida de todo logro, no una esperanza, ni un sueño, sino un agudo deseo pulsante que lo transciende todo».

El deseo es la segunda fuente de los objetivos. Tus deseos pueden y deben entrenarse. Tu vida será mucho más exitosa cuando elijas deseos que produzcan los resultados que tu yo futuro quiere.

3. Confianza

No ambicionarás o te propondrás objetivos que no creas que puedas alcanzar. La lista que escribiste de tus últimas veinticuatro horas refleja tu nivel actual de confianza. Observando tu lista, ¿cuántos de esos elementos requirieron confianza? ¿Cuántos fueron fáciles? ¿Cuánto tiempo pasaste avanzando hacia objetivos más allá de tus capacidades actuales?

Tu trabajo y tu nivel de ingresos se basan en tu confianza.

Tus amigos se basan en tu confianza.

Tu forma de vestir se basa en tu confianza.

La confianza es la *base* de la imaginación, necesaria para visualizar y elegir un futuro más allá de tu capacidad y circunstancias actuales. La confianza refleja tu creencia personal en lo que puedes hacer, aprender y conseguir.

Cuanto más grande sea tu confianza, más grande será tu yo futuro.

El peligro de la confianza es que puede romperse con facilidad. La confianza es frágil, no constante. Experiencias traumáticas y dolorosas pueden destrozar tu confianza e imaginación. Todos pasamos por alguna experiencia dolorosa que se convierte en una espina siempre presente en nuestro costado, paralizando nuestra habilidad, nuestra esperanza y nuestro deseo de seguir adelante.

El siguiente capítulo de este libro se centra completamente en el trauma y su impacto en la personalidad. Pero por ahora, lo que necesitas saber es que el trauma destruye tu confianza. Las personas tienen a menudo objetivos muy limitados debido a un trauma sin resolver. Lamentablemente, cuando este es el caso, evitar las emociones dolorosas se convierte entonces en el objetivo.

La confianza se construye mediante actos de valentía.

Se necesita valor para enfrentarse al pasado, exponerse a él hasta que ya no haga daño y cambiarlo. Hace falta valor para admitir lo que realmente quieres con tu vida. Hace falta valor para intentar alcanzar objetivos difíciles, y para fracasar en el camino.

Un día, mientras conducía a casa desde la oficina, vi a un hombre extremadamente obeso corriendo con pantalones cortos y sin camiseta. Su cuerpo fofo brillaba por el sudor bajo el sol de Florida.

Este hombre me inspiró. Estaba siendo audazmente *público* sobre su yo futuro. No le importaba lo que yo o cualquier otro pensase sobre el contoneo de su flacidez o sus estrías. Sus ojos estaban fijos en los siguientes pasos. Su mirada era como un láser. Su sudor goteaba. Su identidad estaba cambiando.

En algún momento u otro, este corredor se dio cuenta de y se vio expuesto a mejores maneras de vivir. Vio valor en mejorar su comportamiento y sus elecciones. Se vislumbró como una versión más sana de sí mismo. Empezó a cuestionar sus deseos actuales. La calidad y coherencia de su comportamiento están basadas en la calidad y la especificidad de su objetivo. Si su objetivo es claro y convincente, correrá mucho más y esa grasa desaparecerá pronto. Si no lo es, entonces su esfuerzo será esporádico, incoherente y conducirá a resultados mediocres.

En cualquier caso, por lo menos durante ese momento, este hombre estaba actuando desde la perspectiva de un yo futuro en el que esperaba convertirse. Vio un futuro diferente para sí mismo y tuvo una razón por la que salir y correr. Si se alimenta ese propósito y se entrena su identidad, podría, y podrá, convertirse en esa persona.

La confianza se construye a través de actos de valentía y compromiso. Mientras corría desvergonzadamente con el vientre expuesto y protuberante, su confianza se disparó.

Esta acción audaz potenció el subconsciente. Al actuar valientemente desde el punto de vista de tu yo futuro, tienes experiencias cumbre que mejoran tu subconsciente, estableciendo una nueva base de valores para la forma en que te ves a ti mismo y al mundo, y una nueva línea de propósitos para lo que esperas. Las experiencias cumbre no ocurren al azar, sino que deben ser intencionadas. Como explicó el prolífico escritor y filósofo Colin Wilson:

> Si quieres una reacción positiva (o una experiencia cumbre), tu mejor oportunidad de obtenerla es poniéndote a ti mismo en un estado de ánimo activo y con un propósito... La depresión... es el resultado natural de la pasividad negativa. La experiencia cumbre es el resultado de una actitud intencional.[5]

A medida que persigas intencionada y valientemente objetivos significativos, tendrás experiencias cumbre. Esas experiencias cumbre te abrirán, haciéndote más flexible como persona. Dejarás de verte rígidamente como la persona que una vez fuiste. Serás alguien con más confianza y capacidad de crear y alcanzar metas más grandes.

Las experiencias cumbre son raras para la mayoría de las personas, pero pueden ocurrir regularmente. Podrías tener una experiencia cumbre hoy mismo si así lo decidieses. Debes ser intencional. Debes ser valiente. Debes mover tu vida en la dirección en la que realmente quieres ir.

Con cada paso que da este corredor hacia su yo futuro, cree más en su realidad. Su comportamiento refleja esa realidad, incluso si al principio ese comportamiento es intermitente e incoherente. Con el tiempo, si continúa actuando de manera congruente con su futuro, lo querrá más. Su identidad se solidificará. Con el tiempo, llegará al punto en el que su yo futuro será su yo actual, en todos los sentidos.

Ya no se identificará con su antiguo yo. Puede que ni recuerde cómo era su antiguo yo. El pasado será informativo, no emocional.

La confianza es la clave para los objetivos que te propones como persona. Cuanto mayor sea tu confianza, más poderosos serán tus objetivos. Tu confianza es algo que debes proteger. Puedes construir tu confianza a través de acciones intencionadas hacia objetivos significativos. Solo puedes tomar prestada cierta confianza del pasado lejano. Es más, tu confianza se basa en lo que has sido recientemente.

Puedes construir la confianza a través de acciones pequeñas pero consistentes que reflejen tu yo futuro. También puedes construirla mediante *movimientos de poder* atrevidos y audaces hacia tu yo futuro. Un «movimiento de poder» es una acción agresiva hacia tu yo futuro. Puede ser dejar un trabajo que odias, invertir en un mentor, salir a correr en público, tener una conversación sincera, publicar una entrada de blog aunque tengas miedo, pedir un aumento de sueldo.

Cuantos más movimientos de poder hagas, más experiencias cumbre tendrás. Cuantas más experiencias cumbre tengas, más flexible y seguro serás como persona. Cuanto más flexible y seguro seas, más imaginativo y emocionante será el futuro que crees y persigas.

La identidad debe diseñarse intencionadamente según tu yo futuro deseado

> La imaginación es más importante que el conocimiento. El conocimiento se limita a lo que ahora conocemos y entendemos, mientras que la imaginación abarca el mundo entero[6] y todo aquello que siempre quedará por conocer y entender.
>
> —Albert Einstein

A menudo, la identidad y la personalidad son reacciones a acontecimientos de la vida, circunstancias y hábitos. Pocas personas definen y dan forma intencionadamente a su identidad, basándose en quiénes planean ser, para entonces convertirse en *esa* persona. Digo «esa» persona porque tu yo actual y tu yo futuro son dos personas diferentes.

Tu yo futuro *no eres* tú. Tu yo futuro haría las cosas de manera distinta, ojalá mejor, a como las haces ahora. Tu yo futuro debería ser diferente y una evolución de tu yo actual. Permanecer igual, aunque esperado y culturalmente celebrado, significa que no estás aprendiendo, avanzando ni cambiando. Al contrario, estás atascado en una historia, evitando nuevas experiencias y limitando tu potencial.

Existe otra razón por la que ver tu yo futuro como una persona distinta a tu yo presente es esencial para hacer grandes cambios en tu vida. Sin verte a ti mismo de una manera imaginaria y diferente, realmente no es posible participar en una práctica *deliberada*.[7] Se le llama «deliberada» por una razón. Tienes un objetivo y la práctica está dirigida directamente hacia él. La práctica es intencionada y medida, no aleatoria y basada simplemente en un «amor al proceso».

Necesitas algo —o mejor aún, a *alguien*— hacia quien trabajar. Necesitas una visión que dé un significado y un propósito a tu práctica. Sí, dedicarte a lo que te gusta por el simple hecho de hacerlo está bien. Pero en realidad no vas a superar tus límites percibidos sin visualizar tu futuro yo libre de esos límites.

Las personas de éxito empiezan con una visión de su yo futuro y la utilizan como filtro para todo lo que hacen. Tomemos como ejemplo a Matthew McConaughey. Durante su discurso tras haber ganado el Oscar al mejor actor, McConaughey explicó quién era su «héroe»:

> Cuando tenía quince años, una persona muy importante en mi vida se me acercó y me preguntó: «¿Quién es tu héroe?». Y yo contesté: «¿Sabes quién es? Yo dentro de diez años». Entonces cumplí veinticinco. Diez años más tarde, esa misma persona viene y me pregunta: «Entonces, ¿ya eres un héroe?». Y le dije: «¡Ni de cerca! No, no, no». Ella me preguntó: «¿Por qué?». Y le contesté: «Porque mi héroe seré yo a los treinta y cinco». Así que ya veis, cada día, cada semana, cada mes y cada año de mi vida, mi héroe siempre está a diez años de distancia. Nunca voy a ser mi héroe. Nunca lo lograré. Ya sé que no lo soy, y no me importa, porque ello me permite seguir persiguiendo a alguien.[8]

Un día, te convertirás en tu yo futuro. La pregunta es: *¿Quién es tu yo futuro?*

Al responder a esta pregunta, deberías pensar en términos de lo que idealmente desearías. No en términos de tus circunstancias o identidad actuales. A quién le importa quién hayas sido. ¿Quién quieres ser? Ese es tu verdadero y auténtico yo (por ahora).

Diseñar tu yo futuro requiere imaginar cómo serían su realidad y sus experiencias diarias, y cuanto más vívidas y detalladas sean, mejor. ¿Qué tipo de libertades, elecciones, circunstancias, experiencias y comportamientos diarios asume tu futuro yo?

Cuando te conviertes en el arquitecto de tu propia identidad, le das menos importancia a cómo ves tu yo actual. Tu yo actual es importante, pero también limitado. Tu yo futuro será diferente. Verá las cosas de otra manera. Tendrá otras libertades. Tendrá relaciones, actividades diarias y experiencias diferentes. Lo que ahora te parece totalmente alucinante o emocionante es la «vida normal» de tu yo futuro.

¿Quién quisieras ser, si fueses totalmente honesto contigo mismo?

Ahora es cuando querrás sacar tu diario. Escribe, con el mayor detalle que puedas, quién es tu yo futuro.

¿Cómo es tu día a día?

¿Qué defiendes?

¿Cuánto dinero ganas?

¿Qué tipo de ropa te pones?

¿Cómo interactúas con otras personas?

¿Cómo ves tu presente y tu futuro?

¿Cuál es tu propósito?

¿Dónde vives?

¿Quiénes son tus amigos?

¿Qué habilidades y talentos tienes?

Selecciona y persigue un objetivo principal: el filtro de tu yo futuro

> Para decidir tu misión, simplemente revisa todos tus objetivos y a continuación pregúntate: ¿Cuál de estos objetivos me permitirá convertirme en la persona que necesito ser para lograr todo lo que quiero en mi vida?[9] La respuesta a esa pregunta es tu misión.
>
> —Hal Elrod

Después de tomarte un tiempo para pensar realmente en tu yo futuro, y en cómo son sus circunstancias y posibilidades, tu siguiente paso es el de pensar en un único gran objetivo o resultado que hará posible tu yo futuro.

Un objetivo.

Tener múltiples objetivos no requiere que te centres. Tener múltiples objetivos es un reflejo del miedo y de la falta de decisión. Necesitas *un objetivo principal.* Este debe ser mensurable, definible y visualizable. Este objetivo debe ayudar y apoyar claramente todas las áreas clave de tu vida. Es por esto por lo que los objetivos monetarios son tan poderosos. Si eres escritor, ese objetivo puede ser un determinado número de visitas a tu página o de suscriptores. Si eres consultor, ese objetivo puede ser el número de clientes que te pagan bien. Si eres un corredor, ese objetivo puede ser tu tiempo en el maratón.

Un objetivo crea el enfoque.

El enfoque crea el impulso.

El impulso y la confianza se extienden a todas las demás áreas de tu vida. Por eso, en su libro *El poder de los hábitos*, Charles Duhigg explica que cuando mejoras un área de tu vida, todas las demás también mejoran. A esto lo llama «hábitos clave». Piensa en un objetivo principal como un «objetivo clave». Este objetivo —al perseguirlo agresivamente y lograrlo activamente— te ayuda a hacer *todo lo demás* que estás intentando hacer.

En el caso de Andre, su única meta específica fue entrar en Harvard. Para él, ese resultado le permitiría tener más éxito y no volver a la cárcel.

Si Andre hubiese tenido cinco o más resultados que perseguir, probablemente nunca habría salido de la cárcel. Su objetivo único dio una dirección y un propósito a todos los subobjetivos u otras cosas que quería lograr.

El único objetivo de Andre dio forma a su proceso de creación de su yo futuro. Esto es extremadamente importante, ya que últimamente hay muchos consejos realmente malos cuando se trata de alcanzar el éxito. Muchas personas recomiendan centrase plenamente en el «proceso», e ignorar esencialmente el resultado. Sin embargo, es imposible determinar un «proceso», y mucho menos uno eficaz, sin un objetivo en mente. Además, sin medir regularmente tu progreso y tus resultados a lo largo del camino, es imposible determinar si el proceso está funcionando.

Tu proceso debe basarse en el resultado deseado que estás buscando. Debes empezar con el fin en mente. El «proceso» por sí solo no quiere decir nada sin el contexto de un objetivo. El pensamiento basado en el proceso es *táctico* y hace avanzar tu vida sin un plan, intentando encontrar cualquier cosa que haya funcionado para otros.

Contrariamente, el pensamiento basado en el fin es *estratégico* y se vive hacia atrás, aplicando ingeniería inversa al proceso en función de los resultados deseados. Así, un «proceso» sin evaluación no es un proceso en absoluto. El resultado deseado determina el proceso para lograrlo. Los resultados obtenidos a lo largo del camino determinan los ajustes sobre dicho proceso.

En su libro *De cero a uno*, el multimillonario Peter Thiel explica por qué el pensamiento basado en el «proceso» conduce a la mediocridad. En su lugar, Thiel propone tener una actitud y propósito «definidos». Como él mismo afirma:

> Las actitudes indefinidas ante el futuro explican lo más disfuncional de nuestro mundo actual. El proceso triunfa sobre la sustancia: cuando las personas carecen de planes concretos que llevar a cabo, utilizan reglas formales para reunir una cartera de diversas opciones. Esto describe a los estadounidenses de hoy en día. En la escuela media, se nos anima a empezar a acaparar «acti-

vidades extraescolares». En el instituto, los estudiantes ambiciosos compiten aún más para parecer omnicompetentes. Al llegar un estudiante a la universidad, se ha pasado una década elaborando un currículum desconcertantemente diverso para prepararse para un futuro completamente desconocido.[10] Pase lo que pase, está preparado... para nada en particular.

Según la *teoría de la expectativa*, una de[11] las teorías más investigadas y fundamentales de la motivación, se necesitan tres cosas para tener altos niveles de motivación:

- Un objetivo o resultado claro y convincente.
- Un camino o proceso que creas que te llevará a la consecución de ese objetivo.
- La creencia de que lo cumples y tienes éxito.

No se puede tener motivación sin un objetivo.[12] Las investigaciones también demuestran que tampoco se puede tener «esperanza» sin un objetivo. Cuanto más claro y definible sea tu objetivo, más directos serán el camino y el proceso. A medida que desarrolles habilidades y conocimientos, y te acerques a tu objetivo, desarrollarás la confianza de que podrás alcanzarlo y tener éxito. Cada vez desearás más ese objetivo. Al final, lo conseguirás y tu vida cambiará por completo. Dispondrás entonces de una nueva plataforma desde la cual establecer nuevos y más amplios objetivos.

Comprométete con tu objetivo principal: por qué el resultado importa

> El compromiso es una declaración de lo que «es». Puedes saber a qué te has comprometido por tus resultados, no por lo que dices que son tus compromisos. Todos estamos comprometidos. Todos producimos resultados. El resultado es la prueba de un compromiso.[13]
>
> —Jim Dethmer, Diana Chapman y Kaley Klemp

Observa tu vida actual. Veas lo que veas, eso es a lo que te has comprometido. Sea cual sea tu peso actual, ese es el peso con el que te has comprometido. Sea cual sea la cantidad de dinero que ganes, ese es el dinero que te has comprometido a ganar. Tu compromiso en la vida se refleja al 100 %, en los resultados que estás obteniendo actualmente. Si estuvieses comprometido con otra cosa, tendrías resultados diferentes.

Cuando realmente te comprometes con los resultados que quieres, entonces tu vida empieza a mejorar. Tu yo futuro y el único objetivo principal son con los que deberías estar comprometido. Todo lo que haces debe filtrarse a través de ese objetivo principal.

El equipo de remo británico —que no había ganado una medalla de oro desde 1912— se comprometió a prepararse para los Juegos Olímpicos de Sídney 2000. Ese compromiso se plasmó en una única pregunta que se hacían antes de tomar cualquier decisión: *¿Hará que el barco vaya más rápido?* Esta pregunta les permitió medir todas las situaciones, decisiones y obstáculos, y no desviarse de su objetivo.

Ante cada decisión u oportunidad, cada miembro del equipo se preguntaba: *¿Hará que el barco vaya más rápido?* Si la respuesta era negativa, entonces no lo hacían. Estaban comprometidos.

¿Comerse el dónut... (hará que el barco vaya más rápido)?

¿Quedarse despierto hasta tarde e ir a la fiesta... (hará que el barco vaya más rápido?)

Como estaban comprometidos, obtuvieron los resultados que querían. Ese año ganaron la medalla de oro.

En un podcast, Lewis Howes[14] entrevistó a John Assaraf, quien compartió lo que su primer mentor le había enseñado sobre la fijación de objetivos. Después de fijar sus objetivos en diversas áreas de su vida (por ejemplo: salud, espiritualidad, finanzas, relaciones, servicio, etc.) y a uno, tres, cinco y veinticinco años vista, el mentor de Assaraf le preguntó: «¿Estás interesado en lograr estos objetivos, o estás comprometido?», a lo que Assaraf respondió: «¿Cuál es la diferencia?». Su mentor respondió: «Si estás interesado, te inventas historias, excusas y razones sobre por qué no puedes o no quieres. Si estás comprometido, todo eso desaparece. Simplemente haces lo que sea necesario».

Obtienes los resultados a los que te has comprometido. Pero culturalmente nos han lavado el cerebro para que evitemos comprometernos con resultados *específicos*. Nos han enseñado que si nos comprometemos demasiado con algo, nos veremos abocados al fracaso y a la decepción. Nos han enseñado que debemos ignorar el resultado y centrarnos en cambio exclusivamente en el «proceso». Comprometerse a un resultado específico parece demasiado aterrador, o demasiado obcecado en externalidades.

Sin embargo, comprometerse a resultados específicos tiene varios beneficios. Por ejemplo, cuando te comprometes a algo específico, te ves obligado a ser honesto contigo mismo y con los demás sobre lo que realmente quieres. Ser honesto es raro. La mayoría de la gente no enseña sus cartas. Temen admitir plenamente lo que más quieren en la vida. Pero cuando te comprometes a un resultado específico, tienes que convertir ese resultado en tu nueva narrativa. Eso es lo que vas a hacer. Puede que no sepas cómo se desarrollará todo exactamente, pero lo conseguirás. Ese nivel de honestidad y transparencia es a la vez raro y contagioso: evoca la confianza a medida que empiezas a progresar y conjura tanto el deseo de apoyarte como su ayuda a los demás.

Otra razón por la que comprometerse a resultados específicos es que clarifica tu identidad. Tu identidad proviene de tus objetivos. Estar totalmente comprometido y tener claro el fin que tienes en mente infunde un profundo sentido del propósito. Puedes imaginar tu yo futuro en la posición que tú quieras. Sin un resultado claro, tu identidad se vuelve confusa. ¿Quién eres realmente? ¿Qué quieres realmente? ¿Qué vas a hacer? ¿Quién vas a ser?

Comprometerte con un resultado concreto —tu único objetivo principal— también te obliga a mejorar. Por ejemplo, cuando empecé a escribir en un blog, me fijé en que otros autores, aquellos que estaban comprometidos con su proceso, publicaban montones y montones de artículos. Pero no mejoraban. Con el paso de los años, me he convertido en un escritor profesional. Muchos de esos blogueros siguen escribiendo con determinación, entrada tras entrada. Pero su nivel no ha cambiado porque no se han comprometido con un resultado claro.

Cuando te comprometes con un resultado específico, estás obligado a mejorar. Tus resultados hablan por sí mismos. Si tus resultados no mejoran, entonces deberías preguntarte cuán interesado o comprometido estás con ello. Sabrás que vas en serio a la hora de mejorar tus resultados cuando realmente empieces a hacer un seguimiento de todo lo que haces, hasta el más mínimo detalle. Como señala la ley de Pearson: «Cuando se mide el rendimiento, este mejora. Cuando se mide el rendimiento y se comunica, el ritmo de mejora se acelera».

Comprometerse con resultados específicos también mejora la motivación. Según la *teoría de la expectativa*, no se puede estar motivado sin un objetivo. Cuanto más concreto y definido sea tu objetivo, más directo será el camino. Cuanto más directo y claro sea el camino, más motivado estarás. La complejidad mata la motivación, por lo que centrarse en un objetivo clave cambia el juego. Un único objetivo permite un camino más racionalizado, lo que te permite ver no solo el resultado, sino también el camino para hacerlo realidad. Esto hace que la motivación y la confianza se disparen.

Por último, comprometerse con un resultado específico aumenta tu fe. Napoleon Hill dijo que «un propósito definido, respaldado por una fe absoluta, es una forma de sabiduría, y la sabiduría en acción produce resultados positivos». No hace falta mucha fe para decir: «Lo intentaré», o «Veremos qué pasa». Pero sí hace falta una fe intensa para decir: «Esto ocurrirá. No sé exactamente cómo, pero ocurrirá». Este nivel de compromiso te obliga a arrodillarte con mayor sinceridad. Te lleva a hacer cosas que de otro modo nunca harías. Obliga a que se produzcan milagros.

¿Estás dispuesto a comprometerte con tu yo futuro?
¿Estás dispuesto a comprometerte con un objetivo específico?
¿Estás dispuesto a ponerlo todo en juego?
¿Estás dispuesto a ser honesto sobre lo que realmente quieres?
¿Estás dispuesto a perfeccionar y potenciar tus procesos para garantizar mejores resultados?

Vete a la cama una hora antes: elimina el consumo destructivo

Un error cometido más de una vez es una decisión.

—Paulo Coelho

Cuando te comprometes con un futuro mejor, te ves obligado a mejorar la forma en que pasas tus noches y mañanas. El final del día es un momento de relajación y reflexión, no para el dispendio dañino. Al final del día, has tomado muchas decisiones y estás exhausto. Como resultado, tu fuerza de voluntad está completamente agotada.[15] Una fuerza de voluntad baja conduce a comportamientos perjudiciales de derroche, sobre todo para tratar de liberar dopamina rápidamente.

Las redes sociales, el azúcar, los carbohidratos y otras distracciones son actividades nocturnas habituales para muchas personas. Con poca fuerza de voluntad, es fácil caer en malas elecciones. Estas elecciones proporcionan una pequeña dosis de dopamina o de distracción, pero tienen un alto coste. Participar en comportamientos derrochadores y dañinos por la noche repercute negativamente en tu sueño, te prepara para el fracaso a la mañana siguiente y te roba la confianza en ti mismo.

Ver una película y pasar tiempo de calidad con tus seres queridos es distinto a estar distraído con tu móvil cuando tu familia quiere o necesita tu atención.

Si te has comprometido a convertirte en tu yo futuro deseado, tienes que evitar los obstáculos nocturnos que provienen de la poca fuerza de voluntad. Si no, estás dando un paso adelante durante el día y un paso atrás durante la noche. Esto ralentiza tu progreso.

El éxito por la noche y por la mañana es crucial para convertirte en tu yo futuro.

Un antídoto poderoso contra las distracciones inútiles y los malos hábitos nocturnos es irte a la cama antes. Rara vez se emplean con energía las horas de la noche. Por lo general, hay un punto de rendimiento decreciente, normalmente después de las ocho o nueve de la noche, de más o menos una hora. A menos que estés haciendo algo que te conecte con tus seres queridos, es mejor que te acuestes antes. Irse a la cama una hora antes de lo normal es una de las maneras más rápidas de convertirte en tu yo futuro. Evitas el despilfarro. Descansas más. Te ayudas a despertarte más temprano y ponerte a trabajar en tus objetivos antes de que el ajetreo del día se apodere de ti.

La mayoría de la gente se va a la cama mucho más tarde de lo que debería a causa de pautas culturales. Es poco probable que irte a la cama más tarde de las diez te ayude a convertirte en tu yo futuro. Puede que te consideren un bicho raro por irte a la cama cada vez más temprano. Pero no por mucho tiempo. Con el tiempo, los resultados hablarán por sí mismos. Descansarás más y mejor. Te despertarás más temprano y con más confianza porque estarás evitando un gasto que contradice tus objetivos.

Por ejemplo, Mark Wahlberg se va a la cama a las siete de la tarde para poder despertarse a las tres de la mañana y entrenar su cuerpo al nivel de élite que le permite hacer el trabajo que hace. Tiene claros sus objetivos. Su yo futuro es mucho más grande que el de la mayoría de las personas. Por lo tanto, está dispuesto a comprometerse en un proceso, una rutina y un horario que la mayoría de las personas consideran extremos o raros.

Acuéstate una hora antes. Evita las horas nocturnas, cuando tu fuerza de voluntad y tu habilidad para tomar decisiones están al mínimo. Prepárate para tener éxito a la mañana siguiente.

Levántate una hora antes: haz movimientos poderosos diariamente hacia tu yo futuro

> Pierde una hora por la mañana, y te pasarás todo el día buscándola.
>
> —Richard Whately

Levántate pronto y empieza a encaminarte hacia tu yo futuro.

Si te despiertas pronto y empiezas a esforzarte hacia tus sueños inmediatamente, construirás una confianza y un impulso que se extenderán al resto del día. Tomarás mejores decisiones y te mostrarás mucho más congruente con los que te rodean. Como resultado, empezarás a tener días mejores.

Si mejoras tus días, mejorarás tu vida. Si esperas a despertarte hasta que sea necesario y por lo tanto solo te dedicas a las actividades «urgentes», entonces no harás un progreso significativo en tu vida. Mantendrás el *statu quo* y, como resultado, tu tiempo pasará volando. Los días, las semanas y los años pasarán de largo y no harás ningún progreso significativo.

Si vas a lograr tu objetivo principal y convertirte en tu yo futuro deseado, entonces tienes que ser valiente. Debes dar pasos valientes en dirección a tu objetivo diariamente.

Cualquier movimiento atrevido hacia tu objetivo es un movimiento poderoso. Los movimientos poderosos mejoran el subconsciente, restableciendo lo que es un comportamiento «normal» para ti. Al comprometerte en un comportamiento intencional y dirigido hacia el objetivo por la mañana, empezarás a tener experiencias cumbre a diario. Tu cerebro y tu identidad cambiarán. Tu confianza aumentará. Tu identidad se volverá más flexible, permitiéndote desprenderte de quien fuiste y convertirte en tu yo futuro.

Las experiencias cumbre aumentan la flexibilidad y la confianza. Requieren una intencionalidad y una acción proactiva. Al irte a la cama con un propósito, despertarte e inmediatamente progresar hacia tu yo futuro, las experiencias cumbre serán algo habitual para ti. Empezarás a aprender un montón cada día, y con el aprendizaje viene el cambio. Como dijo el filósofo británico Alain de Botton: «Alguien que no se avergüence de quién era hace doce meses no está aprendiendo lo suficiente».

Según Abraham Maslow, el psicólogo que acuñó el término y el esquema de la autorrealización, teniendo este tipo de experiencias de crecimiento —lo que Maslow llamaba «experiencias cumbre»— es como uno se autorrealiza.[16] De hecho, se requieren dichas experiencias para llegar a ese nivel.

La idea de autorrealización significa que uno ya no está inhibido por limitaciones externas o internas, siendo libre de aspirar a su máximo potencial y sus aspiraciones. Maslow definió las experiencias cumbre de la siguiente manera: «Experiencias raras, emocionantes, oceánicas, profundamente emotivas, exaltantes y elevadoras que generan una manera avanzada de percibir la realidad, y que son incluso místicas y mágicas en su efecto sobre quien las experimenta».[17]

Las experiencias cumbre son raras porque pocas personas construyen un yo futuro de manera proactiva e intencionada. Pocas personas se comprometen con un futuro específico. Pocas personas efectúan valientemente movimientos poderosos a diario.

Mis preguntas para ti son las siguientes:

¿Vas a crear más experiencias cumbre?

¿Vas a ser más activo e intencionado con tu tiempo?

¿Vas a mostrar más valor y compromiso?

¿Vas a trabajar en tu yo futuro, ser más flexible y dejar de insistir en que tu antiguo yo es quien eres realmente?

Con el fin de volverte más flexible y facilitar que haya experiencias cumbre en tu vida, necesitarás aceptar la *incertidumbre*. Como explica la doctora Ellen Langer, psicóloga de Harvard: «Si hay opciones significativas, hay incertidumbre. Si no hay opciones, no hay incertidumbre».[18] Si no estás dispuesto a hacer frente a la incertidumbre e interactuar con ella, limitas enormemente quién eres y en qué te conviertes. Limitas tu capacidad de elección, porque todas las elecciones implican incertidumbre y riesgo.

La incertidumbre puede ser difícil de manejar. Según la doctora Daphna Shohamy, neurocientífica del Instituto Zuckerman de la Universidad de Columbia, el principal propósito de nuestro cerebro es el de *predecir* los resultados de nuestro comportamiento.[19]

Esa es la utilidad más importante del cerebro. Es la razón por la que desarrollamos la memoria: para ser capaces de predecir el futuro con exactitud. La habilidad de predecir el futuro y planificar es lo que ha permitido a los humanos prosperar como especie durante miles de años.

¿Qué significa esto a nivel personal?

Tu cerebro está diseñado para *mantenerte al margen de situaciones de incertidumbre*. La incertidumbre es algo que se debe evitar. Por esta razón, cuando te encuentras en una situación nueva o intentando algo que nunca habías hecho antes, a menudo sientes una avalancha de emociones, como ansiedad o miedo. Varios investigadores sostienen que lo desconocido es en realidad la base de todos los miedos.[20] La reacción de luchar o huir es una indicación química de tu cerebro de que no tienes ni idea de lo que puede pasar, por lo que es mejor que te pongas a salvo.

Tu cerebro quiere que tu vida sea segura y predecible. Intentará evitar que te pongas en situaciones de riesgo. Sin embargo, paradójicamente, tu cerebro formula sus recuerdos y aprendizajes más potentes cuando experimentas cosas nuevas, ¡especialmente cuando tus predicciones del futuro son erróneas!

La doctora Shohamy explica que nuestro cerebro cambia y aprende a través de «errores de predicción», los cuales ocurren cuando predecimos incorrectamente lo que pasará.[21] Un *error de predicción* es otra expresión para referirse al fracaso. El *fracaso* es otro término para el aprendizaje. Y el *aprendizaje* es otro término para el cambio.

Tu yo futuro verá el mundo de manera distinta a tu yo actual en la medida en que aprendas y cambies. Si quieres acelerar tu aprendizaje, tendrás que aceptar la incertidumbre. Tendrás que arriesgarte y cometer errores. Al hacerlo, experimentarás muchas más emociones, grandes y pequeñas; y a través de esas experiencias cambiarás como persona. Esas son las experiencias cumbre que puedes tener diariamente cuando te comprometes plenamente con tu yo futuro, en vez de con tu yo actual o pasado.

La vida se vuelve mucho más emocionante y menos repetitiva cuando tu yo futuro se convierte en tu misión diaria, en vez de evitar la incertidumbre y el cambio. Evita el desgaste nocturno. Crea experiencias cumbre por la mañana.

Transfórmate diariamente escribiendo un diario

> Solo si nos imaginamos un yo futuro con habilidades mejoradas podremos ser capaces de motivar, planificar y ejecutar el afinamiento de las habilidades a través de la práctica deliberada.[22]
>
> —Dr. Thomas Suddendorf, Dra. Melissa Brinums y Dra. Kana Imuta

Tu diario es un lugar excelente para convencerte activamente, emocionalmente, de que lo que quieres ya es tuyo: te influyes a ti mismo a través de la comunicación estratégica.

Muchas personas creen que «llevar un diario» consiste en documentar el pasado. Puede serlo. Pero visualizar y elaborar una estrategia para el futuro te permitirá interiorizar y clarificar tu objetivo.

Sin embargo, es importante tener en cuenta que, para que te influya o persuada de manera eficaz durante tus sesiones diarias de escritura, debes preparar el escenario interna y externamente antes de empezar a escribir. Con el ritual adecuado, las sesiones del diario se convertirán en experiencias cumbre diarias, elevándote a un estado óptimo desde el que vivir el resto del día. Puedes prepararte para dichas experiencias de las siguientes maneras:

- Situándote en un entorno sin distracciones, donde puedas pensar libremente y sin que suenen notificaciones (aleja tu móvil o ponlo en modo avión).
- Meditando o rezando antes de escribir.
- Revisando tu perspectiva u objetivos antes de escribir.
- Escribiendo sobre algo por lo que estás agradecido —pasado, presente o futuro—.

Aunque no importa a qué hora del día escribas en tu diario, lo óptimo es hacerlo justo antes de dormir, ya que tu subconsciente es más susceptible a la influencia debido a la ralentización de tus ondas cerebrales durante esos momentos. Cuando escribas, ten en cuenta tu entorno y cómo influye en tus pensamientos y emociones. Lo ideal sería tener un espacio designado para escribir el diario, para la visualización y guía de tu futuro.

Una vez que estés en tu espacio de creación, respira profundamente unas cuantas veces y medita o reza durante unos momentos antes de abrir tu diario. Declara que hoy vas a tener éxito. Que vas a tener éxito en lo que intentas lograr. Que la vida es alucinante.

Abre lentamente tu diario.

Antes de empezar a escribir, revisa tus objetivos. Esto incluye tu objetivo principal y un subconjunto de objetivos más pequeños y a corto plazo. Deben estar escritos en algún lugar de fácil acceso. Revisar tus objetivos antes de escribir en tu diario activa la mentalidad y las circunstancias de tu yo futuro para que, cuando empieces a escribir en tu diario, *estés escribiendo como tu yo futuro, desde su punto de vista y su perspectiva.*

Mis propios objetivos están escritos en la cubierta interior de mi diario, de modo que cada vez que lo abro, lo único que tengo que hacer es mirar esa cubierta interior. Cada mes o así, repaso todo un diario y así reevalúo y reescribo estos objetivos. Mis objetivos se definen respondiendo a las siguientes preguntas:

- ¿Dónde estoy ahora?
- ¿Cuáles han sido los logros de los últimos noventa días?
- ¿Cuáles son los logros que quiero obtener en los siguientes noventa días?
- ¿Dónde quiero estar dentro de tres años?
- ¿Dónde quiero estar dentro de un año?

Cada vez que abro mi diario, empiezo mirando la portada y leyendo mis respuestas a estas preguntas. Por supuesto, mis preguntas —e incluso mis objetivos— cambian incluso cada mes. No pasa absolutamente nada, y es de esperar que tus planes se ajusten con el tiempo.

Al ver los logros recientes de los últimos noventa días, inmediatamente siento una sensación de movimiento e impulso. Esto me da seguridad. Al ver lo que estoy intentado conseguir a corto y a largo plazo, *me acuerdo de mi yo futuro*.

Cada una de estas actividades —irte al entorno adecuado, la meditación, la respiración y la revisión de tus logros y objetivos recientes— te sitúa en la mentalidad adecuada, para que, cuando escribas, lo hagas desde un plano más elevado y sólido.

Hay otra cosa crucial que querrás hacer correctamente para adoptar la mentalidad correcta, y es empezar a escribir desde una posición de gratitud y abundancia.

Los efectos de escribir un diario de agradecimiento están bien documentados. Las investigaciones han demostrado que la gratitud mejora invariablemente el bienestar emocional de las personas. La práctica regular de escribir y replantearse desde la gratitud puede transformar la depresión, la adicción y los pensamientos suicidas. Se ha descubierto que la gratitud puede curar y transformar relaciones. Se ha descubierto que la gratitud ayuda[23] en casi todos los aspectos imaginables.

Hasta hace poco, la mayoría de las investigaciones sobre la gratitud han sido autorreferentes. Sin embargo, nuevos estudios muestran que escribir un diario de agradecimiento no solo afecta al bienestar emocional,[24] sino que también mejora los marcadores biológicos de riesgos legítimos para la salud, como la insuficiencia cardíaca.

Los enfermos cardíacos que están en la etapa B, también conocida como preinsuficiencia cardíaca, tienen un pequeño margen de tiempo para revertir la espiral descendente hacia la insuficiencia cardíaca mortal. En un estudio, los médicos decidieron que sus pacientes probaran a llevar un diario de agradecimiento durante este margen de tiempo. Los pacientes fueron asignados al azar al grupo experimental o al grupo de control. Aquellos que estaban en el grupo experimental llevaron durante ocho semanas un diario de agradecimiento. Los del grupo de control se sometieron al «tratamiento habitual» sin la gratitud.

Tras las ocho semanas, todos los pacientes de ambos grupos se sometieron a unas evaluaciones que incluían un cuestionario de gratitud de seis ítems, la variabilidad del ritmo cardíaco en reposo y un índice de biomarcadores inflamatorios. Aquellos que llevaron el diario de agradecimiento mostraron una disminución de los síntomas de insuficiencia cardíaca y redujeron la inflamación.

Rezar, meditar y luego escribir sobre aquello por lo que estás agradecido al principio de tu sesión de escritura cambia inmediatamente tu estado emocional y físico, al igual que tu perspectiva. La gratitud y el entusiasmo, así como la confianza, pueden convertirse en la lente por la que escribes sobre tus experiencias pasadas y las futuras. Cuando escribas con la energía de la gratitud, tendrás expectativas positivas sin un apego malsano hacia lo que estás intentando lograr.

Escribirás desde una posición de alegría, paz y felicidad. Este estado emocional te dará muchas ideas que puedes realizar, que probablemente también requieran de valor para ser llevadas a cabo. Estas son las emociones que mejorarán tu subconsciente y crearán en última instancia tu yo futuro y tus circunstancias.

Entonces, simplemente escribe.

No te empeñes demasiado en lo que escribas. Solo estás escribiendo para tu propio beneficio psicológico. Nadie más lo leerá. Simplemente escribe sobre tus objetivos. Puede ser una lista con viñetas. Pueden ser dibujos. No existe una manera correcta o incorrecta de hacerlo.

Escribe con la expectativa y la ilusión de que tu yo futuro es real, y de que tendrás éxito. Piensa en lo que hay que hacer para poder avanzar. Escribe todas las cosas que tendrás que hacer y las personas a las que tendrás que contactar.

Espera tener éxito: una conversación con tu yo futuro

En diciembre de 2019, Joe Burrow, *quarterback* de la Universidad Estatal de Louisiana (LSU), ganó el trofeo Heisman, el mayor galardón individual para un jugador destacado en el fútbol americano de la NCAA.* Curiosamente, dos años antes, Burrow tuvo que tomar una difícil decisión. Era el *quarterback* suplente del Ohio State, y a no ser que hiciese un cambio, no sería capaz de cumplir plenamente sus sueños.

Así que fichó por la LSU. Durante la temporada de 2018, el récord de Burrow y los LSU Tigers fue de 10-3. Esa temporada lanzó 2894 yardas (2646,2 metros), con dieciséis pases de anotación y cinco intercepciones. Demostró ser un buen *quarterback*, pero nadie esperaba lo que sucedería durante la temporada de 2019. Esa temporada, LSU se mantuvo invicto, rompió varios récords de una sola temporada para cualquier equipo de fútbol americano universitario en la historia y ganó el campeonato nacional. Burrow destrozó varios récords, lanzando 5671 yardas (5185,5 metros) con cincuenta y cinco pases de anotación y seis intercepciones.

---

* National Collegiate Athletic Association, en español Asociación Nacional Deportiva Universitaria.

En una temporada, Burrow pasó de ser un *quarterback* decente a hacer posiblemente la mejor temporada de un *quarterback* universitario de la historia. Al terminar la temporada de 2019, fue el número uno en el *draft pick** para la temporada de 2020 de la NFL y el ganador del trofeo Heisman.

Nadie lo vio venir, salvo Burrow.

En una entrevista para la ESPN tras la concesión del galardón Heisman[25], le preguntaron: «Joe, si te hubiese dicho dos temporadas atrás que ibas a ganar el puesto de titular, que ibais a derrotar a Alabama, que ibas a ganar un Heisman, que ibais a estar en los *playoffs*, ¿qué me habrías dicho?».

La respuesta de Burrow fue importante e inspiradora. Respondió:

> *Te habría creído* [el énfasis es mío]. Sé el trabajo que he hecho hasta este momento. Solo sentía que necesitaba una oportunidad. Sabía qué tipo de jugadores éramos, y el Entrenador O me vendió una visión. Sabía el trabajo que habíamos hecho en la temporada baja. Por lo que esperábamos totalmente estar en esta posición.

En 2017, Burrow no tenía constancia del resultado. El hecho es que lo que pasó fue tan monumental, que *no* debería haber creído que fuera posible. Pero lo creyó.

Y por eso sucedió.

Pensando en ti mismo, ¿qué pasaría si tu yo futuro viniera y te dijera que todo lo que quieres que ocurra va a suceder? ¿Te lo creerías? Más vale que la respuesta sea sí. Porque, a menos que lo creas, no va a pasar. Debes estar completamente comprometido a convertirte en tu yo futuro y todo lo que ello implica. Ese compromiso te llevará por un camino de locos. Tendrás que tomar decisiones difíciles y seguir tu instinto, a veces en contra de los consejos de personas bien intencionadas.

---

* Un *draft pick* es un evento donde se elige, por turnos, a los jugadores de las ligas universitarias.

Si tu yo futuro viniese y te contase las cosas tan increíbles que han pasado, ¿le creerías?

Conclusión

La verdad sobre la personalidad es que puede cambiar, debe cambiar, y cambia. Tus objetivos conforman tu identidad; tu identidad da forma a tus acciones; y tus acciones dan forma a lo que eres y en lo que te estás convirtiendo. Así es como se desarrolla la personalidad.

Los siguientes capítulos se centran específicamente en las palancas centrales de la personalidad, aquellas partes que puedes controlar directamente y que indirectamente dan forma a la persona en quien te conviertes. Cada vez que reimagines tu yo futuro e intentes alcanzar objetivos de crecimiento, tendrás que cambiar cada una de estas «palancas de la personalidad».

Estas cuatro palancas son:

- El **trauma**, que, o bien te atrapa en el pasado, o bien impulsa una transformación y un crecimiento extremos.
- La **narrativa identitaria**, que es la historia que cuentas sobre ti mismo y que puede basarse o bien en el pasado o bien en el futuro deseado.
- **Tu subconsciente**, que te hace retroceder a la homeostasis, pero que puede mejorarse continuamente a través de experiencias emocionales y comportamientos de tu yo futuro.
- **Tu entorno**, que o bien te mantiene como eres o bien te fuerza a evolucionar hacia alguien nuevo.

A menos que seas estratégico, estas cuatro palancas te mantendrán encerrado en ciclos repetitivos y predecibles. Te sentirás atascado y los cambios te parecerán difíciles, si no imposibles. Sin embargo, cuando entiendas cómo mover y manipular estas palancas, los cambios en tu personalidad serán repentinos, dramáticos e inevitables.

Los cuatro capítulos siguientes tratarán de cada una de estas cuatro palancas, una por una, enseñándote cómo usarlas de manera efectiva. A medida que lo hagas, estarás capacitado para experimentar una transformación autodirigida y radical en tu vida y como persona.

> Dame una palanca lo suficientemente larga y un punto de apoyo y moveré el mundo.
>
> —Arquímedes

CAPÍTULO 3

Transforma tu trauma

> Estar traumatizado significa continuar organizando tu vida como si el trauma siguiese existiendo, inalterado e inmutable, ya que cada nuevo encuentro o acontecimiento está contaminado por el pasado.[1]
>
> —Bessel van der Kolk

Rosalie es una mujer amable y encantadora de ochenta años que nunca cumplió su sueño de escribir libros infantiles. No porque tuviese una vida difícil o no pudiese leer, o porque creciese en una pobreza extrema y tuviese que alimentarse ella misma. Nunca escribió un libro para niños porque, cincuenta años atrás, alguien la hizo sentir mal sin querer.

Conocí a Rosalie en una conferencia. Durante los días en que estuvimos juntos, me fijé en que garabateaba cuentos cortos y poemas. Cuando le pregunté sobre ello, me enteré de que siempre quiso escribir e ilustrar libros infantiles. Cuando le pregunté por qué no lo hizo, me dijo que no se le daba bien dibujar.

Sorprendido, le pregunté a qué se refería. Me contó en detalle un suceso que ocurrió cincuenta años atrás.

A finales de los años sesenta, mientras criaba a su joven y floreciente familia, Rosalie decidió empezar a tomar clases de arte. Desde que tuvo uso de razón, ha querido escribir, ilustrar y publicar libros infantiles.

Una noche, durante una clase de arte con un puñado de personas, Rosalie tuvo una experiencia que acabó con su sueño. Tras un ejercicio individual de dibujo, el profesor recorrió la sala revisando el trabajo de cada alumno. Cuando se detuvo en el de Rosalie, cogió la tiza y «corrigió» su dibujo.

Durante los sesenta segundos o así en que el profesor estuvo dibujando por encima de su trabajo, Rosalie se sintió extremadamente avergonzada. A ningún otro estudiante le había corregido de esa manera. Todas las miradas estaban fijas en ella. Fue demasiado doloroso para ella. En el torbellino emocional del momento, un pensamiento le vino a la cabeza: *Esto no se me debe de dar muy bien.*

Rosalie no volvió a intentar dibujar.

Mientras la escuchaba relatar esta experiencia, me quedé con la boca abierta. Estaba narrando este incidente de hacía cincuenta años como si le hubiese ocurrido la semana pasada.

«Entonces, espera...», dije, mientras se me trababa la lengua. «Después de todos estos años, ¿*nunca* has intentado ilustrar un libro infantil?».

«No», respondió. «No tengo habilidad natural para dibujar».

No había emoción. Desde su perspectiva, estaba exponiendo hechos realistas. La realidad. No había manera de convencerla. Lo intenté en múltiples ocasiones durante los pocos días en que estuvimos juntos.

«Si tuvieses habilidad para dibujar, ¿harías libros infantiles?», le pregunté.

«Sería muy divertido», me contestó.

A lo largo de los años, la idea de escribir e ilustrar libros infantiles se le pasó por la cabeza ocasionalmente. Pero, casi inmediatamente, se acordaba de esa terrible experiencia en la clase de arte y de cómo se sintió. El dolor de aquel momento se reavivaba y su imaginación se quedaba en blanco. Todas las razones por las que «ahora» no era el mejor momento resurgían. Esto es lo que Steven Pressfield llamó la «Resistencia»: una fuerza universal que impide a la gente[2] emprender actos creativos.

Esta resistencia, nacida del trauma, es por lo que antes de plantearse la idea o emprender cualquier acción, *Rosalie se detenía a sí misma.*

Lo más triste es que *sigue* deseando poder ilustrar libros infantiles, pero cree sinceramente que no puede.

Cuando la mayoría de la gente piensa en el «trauma», lo imagina solo en sus manifestaciones extremas, como un trastorno diagnosticado como el TEPT. Sin embargo, los traumas no se limitan a sucesos importantes y fácilmente reconocibles. El trauma, de múltiples maneras, forma parte de nuestras vidas. Esto incluye cualquier experiencia o incidente negativo que modifique quién eres y cómo te desenvuelves en el mundo. Todos lo hemos experimentado y hemos sido, o somos, afectados por el trauma.

En este capítulo, aprenderás cómo el trauma puede moldear, y moldea, tu personalidad. De hecho, aprenderás que, en vez de construir la vida que realmente queremos, construimos con demasiada frecuencia nuestras vidas *en torno a nuestro trauma*. Para evitar el dolor del pasado, creamos una pseudopersonalidad en lugar de la que deseamos.

Tras aprender cómo el trauma da forma a nuestras vidas y objetivos, aprenderás cómo procesar, encuadrar y superar tu trauma para que tu pasado no limite tu futuro.

El trauma destruye la esperanza y elimina el futuro

La doctora Jennifer Ruef es profesora de educación matemática. Lleva treinta años formando a profesores para mejorar la enseñanza de las matemáticas, en la esperanza de ayudar a que los niños se den cuenta de que sí *pueden* aprender matemáticas. No es una tarea fácil y, de hecho, es uno de los mayores retos a los que se enfrentan los educadores de matemáticas en EE. UU., porque muchos estudiantes sufren el «trauma de las mates», una forma de bloqueo mental debilitante, al enfrentarse a la asignatura.[3]

Los profesores de matemáticas, particularmente los de Secundaria y Bachillerato, tienen un trabajo realmente duro. La mayoría de sus estudiantes creen genuinamente que no son buenos en matemáticas y, por lo tanto, el esfuerzo y la atención son mínimos. En algún punto de su vida como estudiantes, han tenido una mala experiencia con las matemáticas, que han interiorizado como una narrativa identitaria: *Esto no se me da bien. No me gusta.*

Según la doctora Ruef, el trauma de las mates se manifiesta en forma de ansiedad o pavor, y un miedo incapacitante a equivocarse. Trágicamente, este miedo limita las opciones, como escuelas y opciones de carrera, para muchas personas, no porque no *puedan* hacer matemáticas, sino porque el temor inducido por el trauma les ha paralizado.

A veces un estudiante puede rendir bien en los exámenes y tareas iniciales, pero sigue temiendo cometer errores o revelar su debilidad o incompetencia al profesor o a los padres. Aquellos que rehúyen los trabajos difíciles, cometer errores o revelar incompetencias tienen lo que la doctora Ruef denomina «identidad matemática frágil». Mantienen una apariencia que, como un cristal fino, puede romperse a la mínima experiencia emocional negativa. *Evitan* el fracaso en vez de perseguirlo y, como tal, lo inevitable acaba ocurriendo cuando alcanzan su tope de habilidad y «fracasan». Para aquellos que evitan el fracaso, alcanzar su tope de habilidad puede ser traumático.

Según la doctora Ruef, las experiencias más comunes que conducen al trauma matemático es que un adulto te diga que no se te dan bien las matemáticas, entrar en pánico en exámenes de la materia cronometrados o quedarte estancado en algún tema y luchar por superarlo. Sin la ayuda de un profesor, mentor o unos padres que te apoyen, los estudiantes tiran la toalla.

No puedo hacer esto.

Se asocian el dolor y el fracaso con las matemáticas. Toda imaginación e interés hacia ellas desaparecen. Ya no es una opción tener un «futuro» que incluya las matemáticas.

Ese es el espíritu del trauma. Una marca distintiva del trauma es que te impide ser psicológicamente flexible. En su lugar, te vuelves rígido y fijo en tu pensamiento. De ahí que las investigaciones hayan mostrado que los individuos que sufren de TEPT a menudo suelen sacar un cero en imaginación.[4] La imaginación tiene que ver con la flexibilidad mental, ver y creer desde diferentes ángulos y posibilidades.

Cuando estás traumatizado, empiezas a pensar en blanco y negro. En vez de ver diferentes perspectivas y contextos, te centras exclusivamente en el *contenido* de lo que pasó.

He suspendido el examen. Esto no se me da bien.

Crees que tu punto de vista es objetivo, en vez de una perspectiva única y limitada de un evento o experiencia. Este tipo de pensamiento crea lo que Carol Dweck, psicóloga de Stanford,[5] llama «mentalidad fija», que es la creencia de que no puedes cambiar, crecer o desarrollarte en áreas específicas. Es la creencia de que tus habilidades, personalidad y carácter son rasgos «fijos» que son innatos e inmutables.

Según Dweck, la mentalidad fija es un enfoque de la vida *definido por el pasado*. Lo opuesto a la mentalidad fija es lo que Dweck llama «mentalidad de crecimiento», que es la creencia de que puedes cambiar tus rasgos y características. Tener una mentalidad de crecimiento significa que tu vida está *definida por el futuro* y enfocada a lo que puedes cambiar.

Debido a que Rosalie se definió a sí misma por su interpretación negativa y fijación con la experiencia de la clase de arte de décadas atrás, tiene una mentalidad fija sobre sí misma. Como resultado, se centra en lo que ella cree que son sus rasgos «naturales» o «innatos». En su opinión, debido a su falta de «genes» o «rasgos» artísticos, es imposible que se convierta en una buena artista.

Tener una mentalidad fija es un «compromiso cognitivo prematuro».[6] Como han explicado varios psicólogos, los compromisos cognitivos prematuros se producen sin una evaluación crítica de lo ocurrido. El compromiso se basa en lo emocional, con poca profundidad probatoria para apoyarlo o justificarlo.

Cuando las personas tienen una experiencia traumática, aunque sea una pequeña, las emociones del momento son suficientes para justificar un compromiso cognitivo nuevo.

No puedo hacerlo.

No soy digno.

Nunca tendré la vida que quiero.

Debería mantenerme alejado de esto.

En el caso de Rosalie, se comprometió mentalmente con la idea de que no se le daba bien el arte y, por tanto, no debía seguir practicándolo: *No tengo habilidad natural para dibujar*. Este compromiso se forjó durante una terrible experiencia emocional. Nunca cuestionó la validez o valor de dicho compromiso. Al contrario, lo enterró y nunca habló de ello durante años.

Las investigaciones sobre el trauma y la mentalidad fija muestran que cada uno de ellos conduce individualmente hacia un *miedo exagerado al fracaso*.[7] Según la doctora Dweck, el mayor temor de la mentalidad fija es intentar algo con todo tu ser y aun así quedarte corto. Si eso llegase a ocurrir, tendrías que aceptar que simplemente no tienes la capacidad de hacerlo y que deberías dedicarte a otra cosa.

La gente no quiere enfrentarse a ese tipo de fracaso. Sería una huella demasiado grande para su identidad, dejándoles la sensación de fracaso total y absoluto. En vez de intentarlo, se convencen a sí mismos de que deben hacer otra cosa, algo menos arriesgado y más seguro.

Como dijo el autor Robert Brault: «Nos alejamos de nuestro objetivo no por los obstáculos, sino por un camino claro hacia un objetivo menor».[8]

No son los obstáculos entre nosotros y nuestros sueños los que nos detienen. Más bien nos detiene nuestro compromiso con la idea —con la identidad— de que nunca podremos alcanzar realmente nuestros objetivos. Que no tenemos lo que se requiere. En vez de comprometernos con lo que realmente queremos, dedicamos nuestro tiempo y atención a objetivos menores.

Nos conformamos con un yo futuro menor. Nuestra imaginación, fe y confianza para cuestionar y perseguir un yo futuro más emocionante y poderoso no están ahí. Nos volvemos cada vez más rígidos sobre quiénes somos y de qué somos capaces. El pasado define y dirige nuestras vidas.

Es por esto por lo que no deberíamos comprometernos respecto a nosotros mismos y nuestro futuro cuando estamos en un estado traumático o emocionalmente roto. Desde ese estado, nuestras decisiones al respecto serán limitadas. En cambio, queremos tomar nuestras decisiones y compromisos desde un estado pleno y elevado, es decir, cuando nuestra fe y nuestras expectaciones son altas.

Algunos psicólogos podrían argumentar que Rosalie tomó la decisión correcta al abandonar su sueño de escribir libros infantiles. En vez de decepcionarse a sí misma con objetivos ilusorios, fue realista. No tenía las habilidades ni la capacidad para convertirse en una gran dibujante o ilustradora. Por lo tanto, fue mejor para ella ser fiel a su «auténtico» yo.

Este tipo de pensamiento sugiere que deberíamos construir nuestra vida y nuestros objetivos de acuerdo con nuestra personalidad y talentos innatos. Si eres una estaca cuadrada, deja de intentar encajar en hoyos redondos, incluso si esos hoyos son las oportunidades o el futuro que realmente quieres para ti.

No es de extrañar entonces que la personalidad sea a menudo un subproducto del trauma. Como dice el doctor en Medicina Gabor Maté, experto en traumas: «Lo que llamamos personalidad es a menudo un revoltijo de rasgos genuinos y estilos de adaptación adquiridos que no reflejan para nada nuestro verdadero yo, sino la pérdida del mismo».[9]

> Ejercicio rápido: describe una experiencia negativa o traumática que hayas tenido en el pasado. ¿De qué manera te ha llevado esta experiencia a perseguir «objetivos menores», o te ha frenado de algún modo en tu progreso?
>
> Ahora replantea esas experiencias negativas escribiendo cómo podrían ayudarte a convertirte en una persona más fuerte.

La personalidad es un subproducto del trauma

En el décimo cumpleaños de mi hija, nuestro hijo Logan se acercó a mi mujer con una astilla de cristal clavada en el talón. Lauren cogió las pinzas y Logan entró en pánico. Ella le dijo que dejara dentro el cristal todo el tiempo que quisiese, y que volviera cuando estuviese listo para sacarlo.

Se fue aliviado por haber evitado las temibles pinzas, e intentó disfrutar de la fiesta. Pero con el cristal en el talón, no podía correr. Los otros niños corrían y jugaban. Incluso meterse en la piscina era demasiado arriesgado. Tenía que andar sobre los bordes exteriores de sus pies de manera incómoda, lenta y dolorosa.

Quería jugar.

Regresó, humilde y reacio, para que le sacasen el cristal. Fueron unos veinte segundos dolorosos, pero después Logan pudo continuar con la fiesta.

Este suceso me recordó el libro de Michael Singer *La liberación del alma*,[10] en el que describe a una persona que se clava accidentalmente en el brazo una espina enorme, que le causa un dolor electrizante al más mínimo roce. En vez de pasar por el dolor de quitársela, se la deja clavada en el brazo.

Sí, esta persona evita el dolor intenso de quitársela, pero esta decisión tiene un coste: para poder vivir con la espina en el brazo, debe asegurarse de que *nada la toque*.

Ya no puede dormir en su cama, ya que existe la posibilidad de darse la vuelta mientras duerme y tocarse la espina. Para sobrellevar esta situación, crea un dispositivo para dormir que garantiza que la espina quede intacta.

A ella le encanta hacer deporte, pero teme que la actividad física del deporte pueda golpearle en la espina y causarle un dolor insoportable. Entonces, desarrolla una almohadilla que le protege el brazo del contacto. Aunque es incómoda y limita su rendimiento, al menos ella puede practicar los deportes que le gustan y al mismo tiempo protege la espina.

Esta mujer acaba alterando todos los ámbitos de su vida para asegurarse de que nada toque su espina. Desde su trabajo hasta el ocio y las relaciones, ha construido una nueva vida y un nuevo entorno para liberarse de los problemas de su espina.

Pero ¿realmente la ha construido?

En vez de construir la vida que realmente quiere, se conforma continuamente con objetivos menores para evitar el dolor. A su vez, renuncia a la personalidad que quiere y desarrolla una que no es más que un sistema de sobrellevar la situación.

Puede que no tengas una espina que cambie tu vida hasta un punto tan extremo, pero en la vida de todos aparecen reflejados espinas y trozos de cristal. Nuestras espinas son emocionales. Son las experiencias dolorosas que estamos evitando, tanto en el pasado como en el futuro.

Nuestro yo verdadero y auténtico no es quien somos actualmente. No son nuestras limitaciones. En cambio, nuestras aspiraciones, nuestros sueños y nuestros objetivos más profundos sí lo son.

En vez de enfrentarnos a nuestros miedos, y en vez de enfrentarnos a la realidad, los evitamos.

En vez de crear la vida que queremos, construimos una vida que permite que nuestros problemas persistan sin resolverse.

En vez de convertirnos en la persona que queremos ser, seguimos siendo la persona que somos.

En vez de adaptar nuestra personalidad a nuestros objetivos, adaptamos nuestros objetivos a nuestra personalidad actual y limitada.

¿Cómo te han moldeado las experiencias negativas?

¿Dónde tienes una mentalidad fija?

¿Dónde has construido tu vida en torno a tus espinas?

¿Qué objetivos persigues para evitar lidiar con el trauma?

¿Cuán diferente sería tu vida si el trauma desapareciese?

¿Qué vida elegirías idealmente para ti?

¿Quién es tu yo futuro ideal, independientemente de lo que fuiste en el pasado o lo que te haya ocurrido?

Superar el trauma

> Siempre quise ser mejor, quise más. Realmente no puedo explicarlo, aparte de que me encantaba el juego, pero tenía una memoria muy corta. Eso me alimentó hasta el día en que colgué mis zapatillas.[11]
>
> —Kobe Bryant

En psicología, un *periodo refractario* es la cantidad de tiempo que se necesita para recuperarse emocionalmente y superar una experiencia. Las pequeñas frustraciones, como que te corten el paso en la carretera o tener una discusión con tu cónyuge, pueden tardar unos minutos u horas en recuperarse. Sin embargo, algunos sucesos pueden tardar meses, años o incluso décadas en superarse. De hecho, algunos acontecimientos nunca se dejan atrás.

Convertirte en alguien psicológicamente flexible te permite *acortar la duración* de los períodos refractarios, incluso cuando se producen experiencias realmente dolorosas o difíciles. Te vuelves psicológicamente flexible al estar en contacto con tus emociones, pero sin dejarte absorber por estas. Mantendrás tus pensamientos y emociones libres mientras persigues activamente objetivos significativos.

En el baloncesto profesional, los jugadores no tienen tiempo para enfadarse o desanimarse si fallan un tiro. Pueden sentirse decepcionados o avergonzados si fallan, pero en última instancia tienen que volver al juego y permanecer atentos al momento y comprometidos con el objetivo de ayudar a su equipo a ganar, independientemente de cómo se sientan.

Si se aferran a la emoción de haber fallado el tiro, no serán capaces de operar plenamente en la cancha, lo que crearía más problemas para ellos mismos y para el equipo. Si se aferran emocionalmente a lo que ha pasado, puede que eviten lanzar el siguiente tiro por miedo o por una expectativa negativa. Entonces se quedarían atascados en el pasado en vez de actuar como su yo futuro.

Cuanto menos te aferres a los errores o experiencias dolorosas, mejor podrás adaptarte a lo que la situación requiere y actuar para alcanzar tus objetivos. Lo que pasó en el pasado no influye en lo siguiente que hagas, ni te impide estar plenamente presente en *este momento*.

Cuanto más flexible seas psicológicamente, más rápidamente superarás las cosas. Cuanto menos flexible seas, más tiempo te aferrarás a las cosas, incluso a las más pequeñas.

Rosalie sigue acordándose de su clase de arte de la misma manera que hace casi cincuenta años. Su recuerdo de la experiencia no ha cambiado ni se ha recontextualizado. Como el contexto de ese recuerdo no ha cambiado, el significado de la experiencia no ha cambiado. Como resultado, sigue viendo al profesor que hirió sus sentimientos como un maleducado, y se sigue viendo a sí misma como alguien que carece del potencial para crear arte. Ninguno de estos elementos de la experiencia o de su recuerdo ha cambiado.

Sin embargo, si hubiese seguido adelante con flexibilidad desde ese suceso en vez de apegarse a él, posiblemente hubiese aprendido a ilustrar sus propias historias. Podría haber producido decenas de libros que hubiesen sido leídos por muchos niños. Con el tiempo, su recuerdo de esa experiencia habría cambiado de significado. Incluso podría haberla olvidado por completo. No habría tenido suficiente significado para que mereciese la pena recordarla, y mucho menos para que se convirtiese en algo que definiese su identidad.

Cuando una persona se queda atascada en un periodo refractario emocional tras una experiencia difícil, continúa viendo y experimentando la vida desde su *reacción inicial* a la experiencia. Por lo tanto, día tras día, continúa reconstruyendo las emociones de la experiencia. No regula ni replantea la forma en la que ve y siente el acontecimiento.

El trauma se convierte en una rutina.

Como afirma el doctor Joe Dispenza:[12]

> Si mantienes ese periodo refractario durante semanas y meses, has desarrollado un temperamento. Si mantienes ese mismo periodo refractario durante años, se llama rasgo de personalidad.

Cuando empezamos a desarrollar rasgos de personalidad basados en nuestras emociones, estamos viviendo en el pasado, y es ahí donde nos quedamos estancados. Enseñarnos a nosotros mismos y a nuestros hijos a acortar el periodo refractario nos libera para que podamos movernos a través de la vida sin obstáculos.

El testigo empático: cómo transformar el trauma

Solo estás tan enfermo como tus secretos.

—Alcohólicos Anónimos

El trauma es la interpretación de una experiencia ligada a una emoción severamente dolorosa. Sin embargo, las experiencias que se vuelven traumáticas no tienen por qué continuar siéndolo necesariamente. Aunque una reacción inicial puede ser muy negativa o debilitante, todas las experiencias dolorosas pueden reestructurarse, reinterpretarse y finalmente utilizarse como experiencias de crecimiento.

Para que las experiencias dolorosas se transformen en experiencias de crecimiento en vez de debilitantes, no puedes reprimir e interiorizar el dolor. No puedes tener una «identidad frágil», en la que evites los errores o recibir comentarios. Debes enfrentarte a tus emociones personalmente y estar dispuesto a compartirlas con los demás. Enfrentándote a las emociones y a las experiencias, las cambias.

Aquel día de hace más de cincuenta años, cuando Rosalie experimentó su trauma, se fue a casa y no se lo contó a nadie. Reprimió sus emociones y las mantuvo en privado. Hizo un juicio precipitado sobre la experiencia y nunca recibió ayuda para reestructurarla. Renunció a su objetivo. Y es por eso por lo que fue traumática.

El doctor Peter Levine, un investigador del trauma de renombre, dijo: «El trauma no es lo que nos pasa, sino lo que guardamos en nuestro interior en ausencia de un testigo empático».[13]

Rosalie no tuvo un testigo empático. No tuvo a alguien que escuchara su trauma y le ayudase a replantearlo.

Las emociones son difíciles de expresar para cualquiera, especialmente las que son dolorosas. Y, como muchos otros, Rosalie se guardó su dolor para sí misma y se comprometió a un futuro menor. No tenía a alguien que le ayudase a confirmar la idea de que *podía hacerlo*, de que su yo futuro deseado podía ser real. No tenía un consejero o mentor que le ayudase a superar el dolor de un único «fracaso» u obstáculo, y a seguir avanzando hacia sus sueños. Ni siquiera tenía un amigo que le ayudase a replantearse esa experiencia de la clase de arte.

«¿Quizás ese profesor no quería hacerte sentir mal?», podría haberle dicho un amigo a Rosalie durante el almuerzo. Pero esa conversación nunca tuvo lugar.

Como es el caso de muchas experiencias negativas, se reprimen y se guardan en secreto. Consideremos las estadísticas de una forma de trauma mucho peor: el abuso sexual. Las investigaciones muestran que *hasta el 90 %* de las víctimas de abusos sexuales no lo denuncian.[14]

Cuanto más dolorosa sea la experiencia emocional, más probable será que la reprimamos e interioricemos. Y con esta represión emocional vienen un compromiso cognitivo prematuro y una mentalidad fija sobre quiénes somos. En vez de expresar y replantear las emociones, el pasado se convierte en algo demasiado doloroso en lo que pensar. Evitar ese dolor puede llevar a una vida de adicciones para intentar adormecer tanto el dolor del pasado como el dolor de perseguir un yo futuro deseado.

Un testigo empático podría haber ayudado a Rosalie a modificar su experiencia e incluso a expresar lo que sentía *al profesor de arte*. Haberlo hecho habría sido un acto de valor increíble. Podría haber cambiado por completo la vida de Rosalie. Podría haber descubierto que el profesor no tenía ninguna intención de causarle dolor. Le habría visto de manera diferente y habría replanteado por completo el significado del suceso. Podría haberle visto como un instructor cariñoso que solo quería que tuviese éxito. E incluso si resultase que tenía una visión limitada de ella, Rosalie podría haberse dado cuenta de la verdad de las palabras de Eleanor Roosevelt: «Nadie puede hacerte sentir inferior sin tu consentimiento».[15]

Pero nunca tuvo ninguna de estas conversaciones o experiencias transformadoras. Como resultado, sigue estando definida por su respuesta inicial. Se ha pasado los últimos cincuenta años convenciéndose a sí misma de la verdad de su experiencia y confirmando los prejuicios que la acompañaban.

Sin embargo, lo más emocionante es que durante los pocos días que pasamos juntos, la mente de Rosalie mostró signos de expansión. Simplemente el hablar del evento, replanteándolo en su cabeza y centrándose en su deseo de escribir y dibujar para niños, pareció tener un impacto.

Y, por primera vez en cincuenta años, Rosalie dibujó algo. Fue solo un primer paso, y el proceso de curar un trauma de toda la vida seguirá llevando tiempo y esfuerzo, pero fue capaz de dar ese primer paso simplemente por tener un testigo empático.

Contrastemos la lucha de Rosalie con su trauma con el periplo de mi esposa para superar el suyo. Durante el primer año de universidad, mi mujer se casó con un hombre cuyos objetivos y ambiciones eran exactamente iguales a los suyos, pero sin que ella lo supiese, él albergaba una ira extrema y luchaba contra la adicción.

Solo semanas después de casarse, le pegó por primera vez. Ella vivía en su ciudad natal, a pocos kilómetros de sus padres, pero nunca dijo nada. Estaba conmocionada por la experiencia y también temía el posible juicio de sus padres. Tal vez se sentirían defraudados con ella por el comportamiento de su marido. O tal vez, tal vez, estarían defraudados con ella por no lidiar con la situación ella misma. Esos eran sus pensamientos en el *shock* emocional de su trauma.

Lo mantuvo todo en secreto. Intentó ser «fuerte».

Tres años más tarde, cuando vivían al otro lado del país, lo que había empezado como un abuso ocasional se había convertido en ataques diarios que dejaron cicatrices permanentes.

Mucho más tarde, cuando Lauren había dejado esa relación y estábamos saliendo juntos, decidimos hacer terapia de pareja para prepararnos para el matrimonio. Durante la terapia, el terapeuta me dijo que el matrimonio anterior de Lauren sería algo con lo que tendría que lidiar durante el resto de mi vida. Debía esperar que yo ocasionaría que ella explotase en cualquier momento, y que debía ser empático y paciente.

Lauren no se podía creer lo que estaba diciendo el terapeuta. Ya había decidido que no iba a dejar que las etiquetas de «divorciada», «maltratada» o «víctima» la persiguieran. Su pasado yo y su trauma no iban a definir su yo futuro. Cualquiera que la conozca ahora no creería que se pasó años viviendo en un miedo silencioso rodeada de abusos emocionales y físicos.

Se había enfrentado a estos problemas y los había afrontado, de frente y por completo. Habló abiertamente con terapeutas, amigos y familiares y con ella misma a través de su diario. Habló intencionadamente de su trauma cuando se encontraba en entornos seguros y edificantes. De esta manera, su recuerdo del trauma cambió y se vio influenciado.

Se sacó la espina.

Su trauma se transformó en un crecimiento increíble.

Ya no estaba controlada por el abuso.

Su futuro yo tomaba las decisiones.

Su pasado, con todo el dolor que conlleva, ocurrió para ella, no a ella. Su visión de ese periodo de su vida es de gratitud y paz, no de resentimiento. Ha perdonado a su antiguo yo y a su exmarido.

Cuando otros se le acercan y le preguntan cómo pueden ayudar a familiares y amigos en situaciones similares a la suya, siempre contesta de la misma manera: escúchales, haz buenas preguntas, nunca juzgues y nunca des consejos. Estos son los principios clave para ser un testigo empático.

Un testigo empático es todo lo que necesitamos para aplacar cualquier trauma al que nos enfrentemos. Como dijo la renombrada terapeuta Lynn Wilson: «Es esta conexión honesta entre dos seres humanos la que, al final, hace comprensible y significativo lo que hemos soportado juntos».

Lynn lo sabía. En 1991, fue coautora de un libro titulado *The Flock: The Autobiography of a Multiple Personality* con su cliente de veintiséis años Joan Frances Casey,[16] que había quedado tan traumatizada que desarrolló veinticuatro personalidades en un caso extremo de trastorno de personalidad múltiple. Mediante un trabajo profundo y comprometido y la conexión sanadora entre las dos, siendo Lynn la testigo empática, el yo profundamente fragmentado de Joan sanó hasta convertirse en uno cohesionado y singular.

Hasta el día en que Lauren abandonó su situación de maltrato, nunca se había planteado qué iba a hacer realmente. El abuso se había vuelto tan rutinario, que su mente se había apagado a la realidad de la situación. No sentía el instinto de lucha o huida; simplemente estaba congelada. Pero ese día, fue a casa de su cuñada para unas cortas vacaciones. Ahí es donde conoció a su testigo empático: Natalie.

Aunque Natalie no conocía a Lauren, fue capaz de ver rápidamente su trauma y empezó a escucharla. Le hizo preguntas que ella nunca se había planteado. Natalie estaba interesada en Lauren y nunca la juzgó. Esta aprendió rápidamente a confiar en ella y, tras unos días juntas, Natalie se quedó despierta una noche y escribió un relato con las palabras de Lauren. No contenía ninguno de sus pensamientos, opiniones o juicios; solo las palabras de Lauren, sostenidas ante ella como un espejo.

Cuando Lauren leyó la narración, quedó conmocionada. Tuvo claro que *nunca más podría volver atrás*. No podría volver con su marido, ni volvería a ser esa persona.

Estaba harta.

Llamó en el acto a su padre y le leyó el relato de Natalie. Él compró inmediatamente un billete de avión y juntos empaquetaron todas sus cosas.

Nunca es demasiado tarde para encontrar, o para ser, un testigo empático del trauma. De hecho, si te tomas en serio la transformación de tu vida, tienes que rodearte de todo un nuevo elenco de amigos, mentores y personas que te apoyen. Necesitas a gente con la que puedas hablar abiertamente sobre tus dificultades.

Necesitas gente que pueda ayudarte a alcanzar tu siguiente nivel. De lo contrario, chocarás con algunas experiencias emocionales, las reprimirás y te estancarás o decaerás como persona.

Las colinas pueden convertirse en montañas si no tienes un testigo empático que te ayude a procesar y replantear tus experiencias. Un verdadero testigo empático te anima a decidir lo que tienes que hacer para seguir adelante.

Siempre se requiere valor para enfrentarse a la verdad y seguir avanzando en la vida.

El valor transforma el trauma.

El apoyo facilita el valor.

Recibir el apoyo de otras personas te ayuda a ti mismo a actuar valientemente. Es por esto por lo que necesitas personas que te animen en la vida.

> Ejercicio rápido: haz una lista con dos o tres personas que hayan sido los mayores alentadores en tu vida.
>
> ¿Cómo te han apoyado?
>
> ¿Por qué ha sido tan impactante?
>
> Contacta con ellos y agradéceles abiertamente su ayuda en tu vida.

A menudo, son los actos más pequeños y simples los que tienen el mayor impacto en nuestras vidas. Por ejemplo, Rich Beverage fue un testigo empático clave en mi vida, alguien que me animó cuando estaba deprimido. A los diecinueve años, había renunciado a mi objetivo de servir en una misión eclesiástica. Rich, un antiguo líder de la iglesia, me tendió la mano y me llevó a comer varias veces. Fue un pequeño gesto, pero increíblemente impactante. Me ayudó a darme cuenta de que mis errores y circunstancias no debían impedirme actuar en mi futuro. Su apoyo me ayudó a tomar valientemente la decisión en la que casi había perdido la esperanza.

En una entrevista de 2019, la celebridad televisiva Lisa Ling[17] explicó la importancia de tener un grupo de personas a su alrededor para hacer el trabajo que hace. Es la presentadora del programa de la CNN *This Is Life*, radicalmente duro y sin tapujos. Ling entrevista a menudo a personas con profundos dolores y luchas emocionales. Por ejemplo, una vez entrevistó a una chica de diecisiete años que fue vendida para ser explotada sexualmente a los once años. Durante la entrevista, la chica dijo que a esa edad llamaba regularmente a la policía suplicando que la arrestasen para tener un lugar seguro donde dormir.

Este es solo un ejemplo de las innumerables conversaciones dolorosamente reales que tiene Ling. El resultado, como en el caso de la chica de diecisiete años, es que Ling y su equipo se quedan sollozando y llorando juntos, debido a la apabullante realidad de las entrevistas e historias. Como recuerda Ling:

> Acabó teniendo que consolarme por lo abrumada que estaba por el dolor, y después de la entrevista, mi equipo y yo como que nos apiñamos y simplemente lloramos todos juntos. De nuevo, éramos cinco hombres y yo, y simplemente teníamos que desahogarnos. Fue tan devastador… Tener estos equipos que te acompañan a lo largo del camino realmente ha sido mi salvación, porque si estuviese sola haciendo esto, no sé cómo habría sobrevivido todos estos años, porque es muy agotador emocionalmente; pero tener a estas personas a mi lado —y realmente, mi equipo está formado por las personas más sensibles e increíbles, tanto hombres como mujeres— ha sido lo que me ha ayudado a superarlo todo.

Ling está haciendo un trabajo poderoso, importante y emocional. Es inteligente, porque sabe que no podría manejar lo que está haciendo ella sola. Tiene un equipo de testigos empáticos que le ayudan.

Si te tomas en serio la búsqueda del crecimiento vital, también necesitarás un equipo de testigos empáticos alrededor de ti. No necesitas acometer un trabajo emocional del nivel del que lleva a cabo Ling. Todo crecimiento hacia grandes objetivos y trabajos importantes es emocionalmente agotador. No lo hagas solo. Ten un equipo del que puedas rodearte cuando sientas que estás hecho polvo, desgarrado, agotado, asustado o roto.

Si vas a crear un futuro próspero, experimentarás una gran cantidad de fracasos, angustias, días malos y dolores a lo largo del camino. Necesitas un equipo de testigos empáticos. Necesitas personas que te animen a seguir adelante; personas que te animen a soñar a lo grande y te alienten a trabajar cuando otros no lo entiendan.

David Osborn es un empresario e inversor inmobiliario de gran éxito. Tiene un patrimonio de más de 100 millones de dólares. Atribuye gran parte de este éxito a un pequeño grupo de «compañeros de responsabilidad». Estos cuatro amigos se han reunido regularmente desde hace más de una década para apoyarse y responsabilizarse mutuamente.

Una de las cosas que hacen como parte de sus reuniones, que a menudo tienen lugar en entornos exóticos alrededor del mundo, es leerse su «Hoja Única» los unos a los otros. En esta Hoja Única están expuestos todos los parámetros importantes e íntimos de sus vidas abiertamente. Económicamente, comparten sus patrimonios netos, sus ingresos, cuánto han donado a organizaciones benéficas, la cantidad de ingresos pasivos, etc. También hay cifras exactas sobre el porcentaje de grasa corporal, masa muscular y otros niveles de salud y estado físico, incluidos los análisis de sangre. Incluso proporcionan indicadores de su vida personal, como el nivel de felicidad de cada uno y cómo califican la relación con sus cónyuges.

Además de compartir abiertamente dónde se encuentran numéricamente en cada área clave de sus vidas, su Hoja Única revela cuánto han cambiado esas cifras durante el año anterior y dónde quieren que estén al año siguiente.

Se necesita valor para ser honesto y «desnudarse» ante los demás. Osborn y su «tribu» consideran que la responsabilidad es la fuerza más poderosa en el mundo. Son testigos empáticos, consejeros y compañeros de responsabilidad los unos con los otros, y atribuyen gran parte de su éxito —que los cuatro han experimentado a niveles raros y elevados— a su grupo de responsabilidad.

¿Quiénes son ahora mismo los tres testigos empáticos más importantes en tu vida?

¿A qué otras personas podrías añadir, o necesitar, como testigos empáticos?

¿A quién podrías incorporar en tu equipo, ahora mismo, para que te ayude a llegar donde quieres?

¿Qué grado de responsabilidad y vulnerabilidad tienes actualmente?

Tu «equipo» debería incluir a muchos miembros diferentes. Recuerdo cuando empecé a trabajar con mi asesor financiero. Al principio se me hizo raro ser tan honesto sobre mis finanzas. Me sentía inseguro sobre mi situación actual. Pero mi asesor me ayudó a pensar de manera distinta sobre el dinero. Me ayudó a clarificar mis objetivos y a establecer sistemas increíbles para alcanzarlos. Es solo un miembro más de mi equipo, pero ha sido un testigo empático.

Cuanto más grande sea mi yo futuro, más testigos empáticos necesito en mi círculo para que me ayuden a llegar a él. Como dijo el autor y experto en liderazgo Robin Sharma: «Cuanto más grande es el sueño, más importante es el equipo».

Convertirse en un testigo empático para aquellos que te rodean

Además de buscar testigos empáticos en tu propia vida, también puedes y deberías tratar de ser el testigo empático que otros a tu alrededor necesitan tan desesperadamente. Es de esperar que casi todas las personas que conoces tengan un dolor emocional reprimido. En palabras del presidente universitario y líder religioso doctor Henry Eyring: «Cuando conozcas a alguien, trátale como si estuviese en un serio problema y acertarás[18] más de la mitad de las veces».

Cualquier experiencia o perspectiva puede transformarse mediante conversaciones compasivas. Las investigaciones muestran que cuando la escucha empática se hace bien, se produce una confianza y una comprensión mutuas.[19] Debe hacerse en un entorno seguro y colaborativo en el que ambas partes sean escuchadas y en el que, en última instancia, creen juntas un nuevo pasado y futuro compartidos.

Cuando se escucha con empatía y cariño, el interlocutor se oye hablar a sí mismo y obtiene claridad sobre su problema. Está mejor preparado para encontrar una solución. Se libera de una carga emocional y se siente menos estresado y confundido. Su confianza y conciencia de sí mismo aumentan.

Ser un testigo empático consiste en estar interesado, no en ser interesante. La escucha empática no puede hacerse con prisas. Debe hacerse por amor. Incluso aunque nunca entiendas realmente el punto de vista de la otra persona, tienes que *querer entenderlo*. Cuando se hace correctamente, la motivación principal del oyente es comprender y animar.

Se deja tiempo para que cada persona se abra y procese sus perspectivas. *No* se presentan soluciones o consejos, al menos al principio. En su lugar, se hacen preguntas abiertas y sinceras. Cuando estas han sido contestadas, el oyente continúa preguntando para tener más información y comprensión, con cuestiones como las siguientes:

«¿Puedes explicármelo más?»
«¿Qué quieres decir con eso?»
«¿Por qué era tan importante esa parte?»
«¿Has renunciado a la idea de un futuro mejor?»
«¿Qué aspectos positivos han surgido de esto?»
«¿Cómo será diferente tu futuro gracias a esto?»
«¿Qué puedes hacer para seguir adelante?»
«¿Cómo puedo ayudar?»

Después de que haya hablado la otra persona, reformula o repite otra vez lo que ha dicho para asegurarte de que has oído bien. Luego pregunta más. Tus preguntas son reales y genuinas, basadas en una escucha profunda y conectada.

La confianza lo es todo en una relación. No intentes construirla apresuradamente. Una vez que esté establecida, cualquier cosa es posible. Una vez que se destruye, incluso las cosas más simples pueden volverse insuperables.

Transformar el trauma es, en última instancia, *reconstruir la confianza.* Cuando esta se pierde, también se pierden la seguridad y la esperanza. Rosalie necesitaba confiar en sí misma lo suficiente como para perseguir un objetivo difícil.

Cuando se pierden la seguridad y la esperanza, el futuro desaparece y el pasado adquiere la máxima importancia. El trauma destruye la imaginación. La confianza y la seguridad son la base de la imaginación y de la posibilidad de cambio.

El trauma puede ocurrir en cualquier relación. Las personas cometerán errores. Hay que pedir disculpas y perdonar para poder avanzar. Pero esto tiene que hacerse juntos. La perspectiva del pasado de ninguna de las partes es objetiva, sino que tiene un carácter subjetivo. La memoria del pasado debe crearse conjuntamente, mediante un entendimiento empático y cariñoso.

Cualquier trauma puede transformarse. El pasado puede cambiarse. Incluso en las relaciones que parecen estar atascadas y que se están desintegrando.

¿Está alguna de tus relaciones atascada en el pasado?

¿Han creado algunas de tus experiencias pasadas una mentalidad fija en cualquiera de tus relaciones?

¿Quiénes son las tres personas para las que podrías ser un testigo empático, ahora mismo?

Conclusión

El trauma está en el centro de lo que somos como personas. Si lo transformamos, podemos volvernos imparables en lo que intentemos lograr. Si no transformamos nuestro trauma, entonces nuestras propias vidas se convierten en su subproducto.

Un concepto básico del trauma es que se aísla, se internaliza y luego se evita. La reacción emocional inicial, negativa, dolorosa y posiblemente paralizante, se convierte en un filtro a través del cual se almacenan nuestros recuerdos.

Los recuerdos saludables cambian a lo largo del tiempo. Una persona que crece tiene un pasado que cambia continuamente, ampliando su significado y utilidad.

Si quieres superar las experiencias dolorosas, no puedes evitarlas. Tienes que hacerles frente. Escribir y organizar tus pensamientos y emociones en tu diario es esencial y muy eficaz. Puedes sacártelos de la cabeza y llevarlos al papel. Al hacer frente a tus emociones y experiencias negativas, las cambias.

Aun así, necesitas la perspectiva de alguien de fuera que te ayude a replantear tu experiencia. Como dice el refrán: «No se puede leer la etiqueta desde dentro del frasco». Un testigo empático, alguien que no trate de darte consejos, sino que se siente a tu lado de manera altruista, puede darte el espacio para expresar abiertamente tus sentimientos. De esta manera, estos tienen libertad para transformarse. Un terapeuta profesional es una buena opción como testigo empático.

Si tienes alguna experiencia negativa o dolorosa aún por transformar, es el momento de encontrar un testigo empático; a ser posible, muchos. Es el momento de transformar tu trauma y tu pasado. Es el momento de ir más allá de la reacción inicial y ser psicológicamente flexible. Contacta con alguien en quien confíes. Sé lo más honesto posible al compartir tu historia y tus experiencias.

Además, describe abierta y honestamente tu futuro yo, tus verdaderos deseos. Ábrete a compartir los posibles «objetivos menores» que hayas estado persiguiendo o viviendo como subproducto de tu trauma.

Finalmente, si hay personas importantes en tu vida a las que tienes que perdonar, o que necesitan una conexión más profunda contigo o por ti, entonces ve y ten esas conversaciones. Te sorprenderá lo rápido que se disiparán y cambiarán los sentimientos del pasado. Te sentirás como si acabaras de salir a respirar y no te hubieras dado cuenta de lo sofocante que se había vuelto tu vida.

CAPÍTULO 4

Cambia tu historia

> La historia de nuestra vida, lejos de ser una narración fija, está en constante revisión. Los delgados hilos de la causalidad se entretejen de nuevo y reinterpretan a medida que intentamos explicarnos a nosotros mismos y a los demás cómo nos convertimos en la persona que somos... Es por esto por lo que es importante escuchar la historia del paciente acríticamente en las etapas iniciales de la psicoterapia. En esos recuerdos no solo están los acontecimientos,[1] sino también el significado que tienen para esa persona en particular.
>
> —Gordon Livingston, MD*

Buzz Aldrin fue el piloto del módulo lunar en la misión Apolo 11. Bajó a la polvorienta superficie lunar unos segundos después de que Neil Armstrong se convirtiese en el primer hombre en pisar la Luna y pronunciase aquellas históricas palabras: «Un pequeño paso para el hombre». Pero lo que tendría que haber sido una experiencia increíble y positiva para Aldrin estuvo a punto de arruinarle la vida.

Durante las tres semanas de cuarentena que se les exigían entonces a los astronautas al regresar del espacio, Aldrin comenzó inmediatamente una borrachera que no terminó hasta nueve años más tarde. Su matrimonio de veintiún años se deterioró rápidamente y terminó, y su prestigiosa carrera militar concluyó en malos términos. En su momento más bajo, estuvo

* Del inglés *Medical Doctor*, 'doctor en Medicina', en español.

trabajando en un concesionario de Cadillac en Beverly Hills y no hizo ni una sola venta en seis meses.

Una noche, Aldrin estaba borracho y su novia le dejó fuera de casa. Furioso, derribó la puerta y entró. Aterrorizada y en shock, la novia llamó a la policía. Aldrin fue detenido.

¿Cómo sucedió todo esto? ¿Cómo pudo alguien tan brillante y con tanto éxito como Aldrin experimentar un cambio tan negativo?

Aldrin mismo dio esa respuesta en su autobiografía de 2009, *Magnificent Desolation*: «La transición de "astronauta preparándose para lograr la próxima hazaña" a "astronauta contando la última hazaña" no me resultó nada fácil… ¿Qué hace un hombre para un *encore*?».[2]

Durante el vuelo de regreso de la Luna, Aldrin se sumió en pensamientos y emociones negativos. Mirando a la Tierra, perdió su imaginación. Nada podía superar lo que acababa de hacer. Su futuro estaba acabado.

Nunca podré sobrevivir a esto, pensó.

Había alcanzado su punto máximo a los treinta y nueve años. Semejante pensamiento le aterrorizaba, por lo que intentó ahogar sus penas en alcohol.

Comparemos la historia de Buzz Aldrin con la del jugador de baloncesto Giannis Antetokounmpo.

Antetokounmpo creció en la pobreza en Grecia. Él y su hermano tenían que compartir el único par de zapatillas de baloncesto que su familia podía permitirse. Su hermano las llevaba puestas durante la primera parte del partido, y él durante la segunda parte.

Antetokounmpo firmó recientemente un importante acuerdo con Nike, y ahora decenas de miles de niños en todo el mundo llevan sus zapatillas personalizadas. Durante la temporada de 2018-2019, le entregaron el premio al Mejor Jugador de la NBA. En una entrevista, la comentarista de la ESPN Rachel Nichols preguntó a Antetokounmpo si había asimilado que era el MVP.*

* Del inglés *Most Valuable Player*.

«No voy a mentir, estoy muy contento», dijo. «Pero no quiero volver a oír hablar de ello nunca más en mi vida. Es un gran logro y un honor. Pero, sabes, eso ya es el pasado».

«Espera, ¿te refieres a que nunca más quieres oír las palabras "MVP"?», preguntó Nichols, sorprendida.

«No, creo que ya sido suficiente. Normalmente, cuando compartes eso, tiendes a relajarte. Si sigo pensando: "Soy el MVP de esta liga", entonces ¿qué va a pasar? Simplemente, me voy a relajar. Y no quiero eso. Estoy orgulloso de ello. Pero pasemos al siguiente objetivo».[3]

Antetokounmpo se define por sus objetivos, no por sus logros o fracasos pasados. Se define *por lo que va a hacer a continuación*. Está persiguiendo su yo futuro, y es por eso por lo que tiene un éxito continuo.

Según Dan Sullivan, fundador de Strategic Coach, cuando tu «estatus» se vuelve más importante que tu «crecimiento», normalmente dejas de crecer. Sin embargo, cuando el crecimiento *es tu motivo genuino*, entonces normalmente sueles acabar consiguiendo mucho estatus. Pero no estarás apegado a él. Y definitivamente estarás dispuesto a destrozar un estatus anterior para crear uno nuevo. Como dice Sullivan: « Haz siempre que tu futuro sea más grande que tu pasado».[4]

Si eres honesto contigo mismo, puede que descubras que estás motivado principalmente por un *estatus* concreto. Una vez que obtienes ese estatus —como determinado puesto de trabajo, nivel de ingresos o una relación—, tu motivación pasa de estar *orientada al avance* a estar *orientada a la prevención*. En vez de avanzar hacia un futuro yo nuevo y expansivo, tu preocupación principal pasa a ser mantener o proteger tu estatus o identidad actuales evitando el fracaso. Dejarás de ser valiente. Te estancarás, y la energía y el entusiasmo que constituían tu personalidad en crecimiento se desvanecerán en algo mucho menos inspirador.

Sin un futuro yo que supere a tu yo actual, la vida empieza a perder su significado.

Condoleezza Rice fue la sexagésima sexta secretaria de Estado de Estados Unidos. Además, fue la primera afroamericana y la segunda mujer en alcanzar el cargo. Ha desafiado continuamente los obstáculos a lo largo de su vida y carrera. Una de las razones por las que ha tenido tanto éxito y ha sido tan innovadora se debe a su filosofía. En sus propias palabras: «Creo firmemente que nunca deberías dedicar tu tiempo a ser algo que "ya fuiste"».

La idea de que «nunca deberías ser algo que "ya fuiste"» expresa en una frase toda la premisa de este libro. Ya *fueses* un astronauta o un drogadicto, nunca deberías *ser* algo que ya fuiste. Tanto los traumas como los logros pueden tener un gran impacto en tu personalidad. Pero sea cual sea tu experiencia, nunca deberías quedarte anclado en el pasado ni dejar que tu pasado te defina.

Tu auténtico yo es tu yo futuro. Quien aspiras a ser.

Durante mucho tiempo, la «misión» de Buzz Aldrin fue pisar la Luna. Fue el propósito u objetivo en torno al cual construyó su identidad, sus elecciones y su entorno. Pero entonces se quedó estancado en su estatus, después de «lograr su propósito». Desde su perspectiva, no había forma de superar a su antiguo yo, por lo que dio por vencido su futuro. Sin un propósito significativo, su vida cayó en picado.

Aldrin, a quien sus objetivos e imaginación habían impulsado hasta la Luna, se quedó totalmente en blanco respecto a su yo futuro.

Giannis Antetokounmpo fue por el camino opuesto. *A las pocas semanas* de ser nombrado MVP, se desprendió emocionalmente del estatus y puso su atención en el siguiente objetivo.

Esto no significa que no esté contento ni agradecido. Lo que significa es que no se ha apegado emocionalmente a un resultado o a una identidad. Su visión de sí mismo permanece en el futuro, no en el pasado. Y como resultado, mientras otros a su alrededor se estancan, él no lo hace. Continúa viviendo, en vez de existir.

En el resto de este capítulo, aprenderás por qué formulamos narrativas e historias para dar forma al significado de nuestras experiencias. Aprenderás a replantear tu narrativa para centrarte en el futuro —en lo que pretendes ser—, como hacen Giannis y otros, como Elon Musk. Esta es una habilidad poco común, y parte de la razón por la que tienen tanto éxito.

Con estas nuevas habilidades, te enfrentarás al reto de *replantear tu narrativa* para que tu pasado no te impida avanzar, sino que te empuje adelante. Tu pasado está ocurriendo para ti, no a ti. Después de leer este capítulo, te enfrentarás al reto de que tu futuro yo sea la historia que cuentes a los demás cuando te expliques a ti mismo, no tu antiguo yo.

¿Quién eres tú?

Creando «significado» a través de historias

Recientemente, mi mujer y mi hijo mayor, Kaleb, que tiene once años, estaban fuera paseando a nuestras dos gemelas de siete meses. Kaleb llevaba el cochecito. Estaban en una carretera rural con muchos arbustos y zanjas a ambos lados.

Tenía que hablar con Lauren antes de irme a trabajar, así que conduje hasta encontrarles. Paré al lado de Lauren y empezamos a hablar. Kaleb esperaba a nuestro lado escuchando.

La carretera rocosa en la que estábamos tenía los bordes ligeramente inclinados hacia abajo. A los veinte segundos de empezar la conversación, noté que el cochecito empezaba a caer hacia una zanja. ¡Grité a Kaleb que lo agarrase!

Hizo todo lo posible, pero el impulso fue demasiado. Fue arrastrado a la zanja con las niñas.

Inmediatamente, Zorah se puso a llorar, ya que se había caído del asiento del cochecito. No tenía el cinturón puesto. Phoebe, que sí tenía el cinturón, se quedó en su asiento.

Por suerte, la caída no fue grave. Zorah estaba bien, solo asustada. Pero Kaleb estaba visiblemente perturbado por la experiencia. Lloraba, miraba al suelo, y no me dirigía la mirada incluso después de unos cuantos empujoncillos. Podía ver que, en medio de sus emociones, estaba definiendo el significado de esta experiencia. Y dado que sus emociones eran negativas, el significado que estaba formando también era negativo.

No quería esto para Kaleb. Quería ayudarle a regular sus emociones y convertirse en alguien psicológicamente flexible. Quería que plantease esta experiencia de manera proactiva y sana, sin que le absorbiera.

El significado toma forma durante las experiencias emocionales. Según el famoso psicólogo doctor Roy Baumeister, el significado es una representación mental de las relaciones entre eventos o cosas. «El significado conecta las cosas»,[5] explica.

La doctora Crystal Park, experta en psicología del significado y de su creación, sostiene que los seres humanos creamos significados a partir de nuestras experiencias[6] conectando tres cosas:

- En primer lugar, **definimos la causa** del acontecimiento o la experiencia. («¿Qué acaba de pasar?»).
- En segundo lugar, **vinculamos esa causa con nuestra propia identidad**. («¿Qué dice esta experiencia sobre mí?»).
- Por último, **conectamos esa causa y nuestra identidad con una perspectiva más amplia** de cómo funcionan el mundo y el universo. («¿Qué dicen esta experiencia y quién soy yo sobre el mundo?»).

La creación de significado es fundamental para lo que somos y lo que nos convertimos. Nuestra personalidad, en gran parte, se basa en el significado que hemos dado a experiencias anteriores. Se basa en el significado que damos a diversos objetivos o valores. Se basa en lo que nos enfocamos. Nuestra personalidad se basa incluso en el significado que damos a las cosas pequeñas, como el humor, la música, el estilo o los intereses.

Crear significado es algo que hacemos de manera instintiva. Pero tiene un lado oscuro. Si no somos intencionados con los significados que formamos, podemos generar un compromiso cognitivo prematuro sobre nosotros mismos.

Soy una mala persona.
Soy introvertida.
Nunca podré vivir mis sueños.
No se me dan bien las personas.
No me gusta la gente como ella.

La creación de significados puede, si no se es cuidadoso, conducir a una mentalidad fija. El trauma, por ejemplo, no es el acontecimiento en sí mismo, sino el significado que extraes o creas a partir de él. Algo terrible ocurrió, pero lo que lo hizo traumático *fue nuestra interpretación*.

Tomemos como ejemplo a Sean Stephenson, un hombre gigantesco que nació con osteogénesis imperfecta, un trastorno de los huesos que le dejó con casi un metro de altura y en una silla de ruedas desde su nacimiento. La perspectiva de Stephenson fue, según sus últimas palabras antes de morir: «Esto pasó para mí, no a mí». Se había caído de la silla de ruedas y golpeado la cabeza, y estaba sufriendo mucho. Esas fueron sus palabras momentos antes de fallecer. Esa fue su interpretación, no solo del incidente que le mató sino de toda su vida, por muy traumática que fuera o pudiera ser.

El trauma es el significado que se da a un acontecimiento o experiencia, y el modo en que ese significado da forma a la visión de ti mismo, de tu futuro y del mundo en general. El significado que formaste durante los «traumas» anteriores es el que ahora impulsa tu personalidad, tus elecciones y tus objetivos.

Hasta que cambies ese significado.

Piénsalo un segundo: ¿por qué te defines a ti mismo de la manera en que lo haces? ¿Por qué eres como eres? ¿Por qué te gustan o te disgustan ciertas cosas? ¿Por qué persigues lo que persigues?

Todo se reduce al significado que has dado a tus experiencias anteriores, al igual que a la identidad que has formado como resultado.

El significado que derivamos de nuestras experiencias y de la información que recopilamos forma nuestra visión del mundo. Es importante tener en cuenta que, como personas, normalmente formamos primero el significado sobre nosotros mismos y luego utilizamos nuestra imagen de nosotros mismos como la lente a través de la cual vemos el mundo. Como dijo el doctor Stephen Covey: «Vemos el mundo no como es, sino como somos nosotros».[7]

Si tienes una visión negativa de ti mismo, probablemente tengas una visión negativa del mundo. Si tienes una visión positiva de ti mismo, es probable que tengas una visión positiva del mundo. *El mundo se ve a través de la lente de tu identidad.*

Solo ves, o atiendes selectivamente, lo que es significativo y relevante para ti. Por eso Andre Norman dejó de ver todo el comportamiento criminal que le rodeaba en prisión después de que Harvard se convirtiese en su propósito e identidad. También es la razón por la que Aldrin dejó de ver oportunidades de crecimiento una vez que quedó atrapado en el estatus de su antiguo yo.

Tu visión del mundo dice más sobre ti que sobre el mundo. Tu visión del pasado dice más de ti que del pasado. Consiguientemente, deberías formular el significado *basándote en tu yo futuro deseado*. Esto requiere ser *concienzudo en la interpretación* de tus experiencias, incluso las más duras.

¿Cómo respondería mi yo futuro a esta experiencia?

¿Qué pensaría sobre ello?

¿Qué haría sobre ello?

¿Cómo podría convertir esto en su beneficio?

Esto está ocurriendo para mí, no a mí.

Kaleb, en el ardor de sus emociones, estaba formulando el significado para entender su experiencia de haber soltado el cochecito. Aunque nada malo les pasó a las niñas, podía ser traumático para Kaleb y dejar un daño permanente. Como parte del proceso de creación de significado, los pensamientos y sentimientos de Kaleb pasaron por las tres fases de la creación de significado: (1) definir una causa, (2) formar su propia identidad y (3) formar su visión del mundo a través de su identidad.

Algunos ejemplos de pensamientos de causa-efecto podrían ser:

¿Fue culpa mía que el cochecito empezase a rodar porque no lo estaba sujetando?

¿Por qué no lo estaba sujetando?

¿Fue culpa de papá porque detuvo nuestro paseo?

¿Por qué papá nos distrajo de nuestro paseo?

¿Fue porque estábamos caminando por una carretera rural?

¿Por qué quiso mamá que caminásemos tanto? Yo solo quería quedarme en el campamento.

Algunos ejemplos de pensamientos que forman la identidad basados en este pensamiento de causa-efecto son:

No me gusta estar con mis padres.

No soy un buen hermano.

No me gusta ir a pasear con mamá.

No voy a hacer este tipo de cosas nunca más.

Mis hermanas pequeñas son demasiado frágiles y no son divertidas.

Después de pensar en el suceso y en sí mismo, Kaleb crea un «significado global» sobre el panorama general de la vida. Los ejemplos pueden ser:

Ir a pasear es peligroso.

El mundo es peligroso.

La vida es horrible.

Papá siempre arruina todo.

Todo este proceso de creación de significado requiere solo un momento en el cerebro. Más que pensamientos, estos escenarios de causa-y-efecto reflejan la reacción emocional inicial de Kaleb ante el evento. Sin la habilidad de la regulación emocional, que requiere tiempo y práctica, y sin la ayuda de un testigo empático que le ayudase a replantear sus experiencias de manera proactiva y saludable, a pesar de su reacción inicial, podía haber creado un significado de esta experiencia reactivo y negativo.

Los seres humanos somos fundamentalmente máquinas de creación de significado. Creamos significado con el fin de comprender nuestras vidas. Cuando se entiende este hecho, empieza a verse por todas partes. Creamos significado incluso en las experiencias más pequeñas y mundanas, las cuales tienen un impacto en nuestra identidad y visión del mundo. Cada pequeña experiencia cuenta.

Por ejemplo, hace poco iba en un largo viaje en coche y, de la nada, me vinieron *unas ganas locas* de ir al baño. Tardé unos cinco minutos en encontrar una salida. Durante esos cinco minutos, se me pasaron por la cabeza varios pensamientos.

Esto es ridículo.

Esto es una mierda.

¿Por qué me pasa esto a mí?

Entonces empecé a darme cuenta de mi manera de pensar y me volví intencionado al respecto, que es una técnica clave para lo que los psicólogos llaman *regulación emocional.* A medida que te vuelves más intencional sobre tu vida, empiezas a ver pequeños momentos como este como una «práctica», o «repeticiones», para ser quien quieres ser. Si no puedes afrontar los pequeños momentos, cuando hay poco en juego, no superarás eficazmente los grandes.

La vida es una práctica.

Al regular las emociones desafiantes, puedes definir el significado de tus experiencias intencionadamente. Esto es exactamente lo contrario a cómo la gente suele manejar sus emociones y su proceso de creación de significado. La mayoría de los pensamientos se rigen *por las emociones,* particularmente en situaciones emocionalmente acaloradas. Esos pensamientos son reactivos y no intencionados, pero pasan a convertirse en el significado y la narrativa a largo plazo de la persona.

En cambio, tus pensamientos, o más concretamente, tus objetivos, deberían gobernar tus emociones, incluso cuando las emociones iniciales desencadenadas por la experiencia sean difíciles.

Cuanto mejor sea tu regulación emocional, tanto en situaciones pequeñas como grandes, más flexible te vuelves psicológicamente. A medida que te vuelves más flexible psicológicamente, tus emociones y experiencias dejan de definirte reactivamente. Ello te permite avanzar enfocado en los objetivos y centrado en los valores, manteniendo tus emociones iniciales y pensamientos aflojados y mejorando su dirección.

El primer paso de la regulación emocional es **identificar y etiquetar tus emociones** como si estuvieses experimentándolas (cuanto más descriptivamente, mejor). No se puede manejar algo de lo que no se es consciente.[8]

El segundo paso de la regulación emocional es el de **entender la diferencia entre emociones primarias** y **emociones secundarias**.

Las emociones primarias son tus reacciones iniciales a los acontecimientos externos. No deberías juzgarlas. Son una reacción natural a las cosas que nos rodean. Por ejemplo, estar triste cuando un ser querido muere o sentirse frustrado en un atasco son respuestas iniciales naturales.

Las emociones secundarias te hacen sentir algo *sobre el sentimiento mismo*. Por ejemplo, puede que sientas ira por haber sido herido o vergüenza por tu ansiedad. Las emociones secundarias aumentan la intensidad de tus reacciones y pueden empujarte a comportamientos destructivos. Por lo tanto, parte de volverte psicológicamente flexible consiste en sujetar tu reacción inicial suavemente: no tomártela demasiado en serio o identificarte con ella demasiado, sino reconocerla, etiquetarla y después decidir cómo quieres interpretar y sentir la experiencia.

El tercer paso de la regulación emocional es **dejar marchar las emociones negativas**. Aceptar y reconocer que sientes algo negativo es clave para permitir que el sentimiento desaparezca, en vez de pretender que no lo sientes. A continuación, tienes que apartarte de la emoción y considerar las consecuencias de permitirla actuar. Normalmente, dichas consecuencias no están en consonancia con los valores y objetivos de tu yo futuro.

Las personas toman a menudo decisiones estúpidas porque actúan basándose en sus emociones del momento, en lugar de en las consecuencias que vendrán después. Por ejemplo, un atracón de galletas cuando estás estresado puede que haga que te sientas bien al principio, pero a la larga tendrá consecuencias negativas. Son las consecuencias en las que quieres pensar, ya que determinarán tus sentimientos a largo plazo. Las consecuencias son las que crean tu yo futuro.

Dado que Kaleb solo tiene once años, aún no es experto en regular sus emociones. Lauren y yo intentamos ayudarle a fomentar su habilidad de no reprimir las cosas y expresarse de manera segura y abierta. Expresar las emociones abierta y honradamente es la clave para la regulación emocional y para llegar a ser psicológicamente flexible. Cuanto mejor sepas expresar tus emociones, mejor las manejarás y responderás positivamente a ellas.

Kaleb necesitaba un testigo empático. Lo último que necesitaba en ese momento de emoción era un sermón. Le dijimos que había hecho todo lo posible por ayudar a las niñas, y que no pasaba nada. Dejamos que cogiese y confortase a Zorah, y le felicitamos por ser un consuelo para ella. «Los accidentes ocurren», le dijimos.

Le ayudamos a expresar sus emociones, y decidimos en familia qué hacer con la experiencia. Convertimos el significado de la experiencia en algo positivo y constructivo en vez de negativo.

Desarrollar historias es fundamental para el proceso de creación de significado. Entendemos el significado de nuestras experiencias *a través de* historias. Comprendemos el significado de nuestra identidad *a través de* las historias. Tenemos historias para nuestras vidas, para acontecimientos específicos, e incluso para un día determinado. Cuanto más intencional seas sobre tu vida, más te convertirás en el autor de tu historia. Tú das forma al significado de tu pasado. También das forma al significado de tus experiencias actuales y futuras con el fin de tener la historia que quieres para tu pasado.

En vez de contar la metedura de pata de Kaleb, decidimos contar la historia de su heroico rescate. Como enseña el mago del musical de *Wicked*: «¿Es uno un cruzado o un invasor despiadado? Todo depende de qué etiqueta sea capaz de persistir». Dejamos atrás las emociones primarias de miedo y fracaso y nos hicimos cargo de la narrativa.

¿En qué medida se basa tu narrativa actual en emociones primarias, en tu reacción inicial a los diversos acontecimientos o experiencias?

¿Cuál es el significado que continúas dándole a los acontecimientos pasados que ya no sirven para la historia que deseas contar sobre ti mismo?

¿Cuál es la historia de «ti»?

¿Quién eres?

¿Por qué eres la persona que eres?

Estas son las preguntas que exploraremos a lo largo del capítulo. Como descubrirás, puedes y debes ser tú quien dé forma a esta historia.

Tu pasado es ficción: es *tu* historia. ¡Sé creativo!

Ken Arlen creció en la década de 1970, y durante primero de Bachillerato empezó a fumar mucha marihuana. Para disimular el olor, fumaba cigarrillos porque, aunque no le entusiasmaban, a sus padres realmente no les importaba. Los cigarrillos no estaban tan mal vistos entonces.

Ken siguió fumando a lo largo de segundo de Bachillerato y sus cuatro años de universidad. Durante la universidad, llegó al punto de fumarse una cajetilla al día. Al contarme su historia, Ken dijo que creía que era físicamente imposible beber cerveza sin fumarse un cigarrillo al mismo tiempo. Ni siquiera se podía beber un café sin fumar.

Él y sus amigos intentaron dejarlo varias veces durante la universidad, pero no hubo manera. «Era un tema recurrente», dijo. «Quiero decir, intenté dejarlo por lo menos veinte veces y no fui capaz».

Fumar era un aspecto fundamental de su identidad y estaba ligado a todo lo que hacía. Fumaba mientras estudiaba, cuando se despertaba por la mañana, cuando estaba con sus amigos. Realmente lo quería dejar porque sabía que no era sano. Sabía que era un hábito malo y que era adicto a la nicotina. También tenía el objetivo de tocar la trompeta.

Cuando terminó la universidad, estaba en un estado de transición. Se mudó a Madison, en Wisconsin, y consiguió trabajo como camillero en una sala para parapléjicos.

En el hospital había una sala de estar donde se juntaban los camilleros, y allí estaba permitido fumar. En su primer día de trabajo, Ken entró en la sala y uno de los camilleros sacó un cigarrillo y le ofreció uno.

Ken dijo: «No, gracias. No fumo. Nunca lo he hecho y nunca lo haré».

Esto ocurrió hace más de cuarenta años. Ken no ha vuelto a fumar un cigarrillo desde entonces.

Ken cambió su narrativa. Cambió su pasado y eso le permitió tener una nueva identidad en su nuevo entorno.

En primer lugar, estaba en un entorno en el cual nadie sabía de su anterior identidad como fumador. También explicó que la decisión de decir que no fumaba fue impulsiva pero estratégica. Al declararse públicamente como no fumador ante sus compañeros de trabajo, se puso a sí mismo en una posición en la que fumar delante de ellos sería incongruente.

«Creo que había algo de sabiduría en mi subconsciente que me ayudó a tener la idea, porque sabía que muchos de los hábitos y adicciones son una respuesta a la presión social y al entorno. Quería ser un no fumador en ese entorno».

Las ansias de nicotina tardaron aproximadamente una semana en desaparecer, lo que no fue muy difícil de sobrellevar, dado que Ken pasaba la mayor parte del tiempo en el trabajo, donde asumía la identidad de no fumador. Después de esa primera semana, *nunca más pensó en fumar*.

Él es el narrador de la historia.

La brecha y la ganancia: reestructurando tu narrativa

Según la teoría de la «identidad narrativa» desarrollada por el doctor Dan McAdams, académico e investigador, todos formamos una identidad integrando nuestras experiencias vitales en una historia evolutiva interiorizada. La historia da un sentido de unidad y de propósito a nuestras vidas.[9]

Esta narrativa vital integra nuestro pasado reconstruido, nuestro presente percibido y nuestro futuro imaginado. Todos ellos coexisten al mismo tiempo. Por lo tanto, desde el punto de vista de la experiencia, el pasado, el presente y el futuro no están separados ni son lineares, sino que son holísticos y coexisten. Tu pasado, presente y futuro están ocurriendo *ahora mismo*, al menos en tu mente.

Las historias que tenemos de nosotros evolucionan y cambian continuamente en función de las experiencias que vivimos. Los «hechos» de tu pasado no cambian necesariamente, pero la historia que te cuentas sobre esos hechos sí puede cambiar, y lo hace. Y cuando revisas tu propia historia, puedes omitir y, en última instancia, olvidar ciertos «hechos» que una vez jugaron un papel dominante en ella. Quizá ciertos hechos no eran realmente hechos, sino simplemente tu antigua perspectiva.

En lugar de crear una narrativa que les sirva, las personas quedan atrapadas a menudo en historias basadas en su reacción inicial a una experiencia.

Un aspecto fundamental de «replantear» tu narrativa del pasado es cambiar lo que antes se definió como una experiencia negativa por una positiva. Puede que te rasques la cabeza y te preguntes: «¿Por qué querría yo hacer algo así? Si la experiencia fue negativa, ¿por qué voy a pretender que fue positiva?».

«Positivo» y «negativo» no son hechos, sino *significados*.

El significado que das a los acontecimientos del pasado determina quién eres y cuál es tu futuro. Cambiar la visión que tienes de tu pasado es esencial para mejorar tu identidad y tu futuro. Para cambiar tu identidad es fundamental cambiar también tu historia. Un nuevo futuro crea un nuevo pasado.

Habiendo estudiado esto durante más de una década, nunca he visto una técnica de replanteamiento más útil que lo que Dan Sullivan llama «la brecha y la ganancia».[10] Según Sullivan, vivir en «la brecha» es lo que ocurre cuando te centras en lo que falta.

Cuando estás en la brecha, no puedes disfrutar ni entender los beneficios de tu vida. Lo único en lo que estás centrado es en la razón por la que algo no sucedió de la manera en que pensaste que debía haberlo hecho. Por ejemplo, puede que vivas en una gran casa. Pero si estás en la brecha, entonces lo único que puedes ver son los defectos de la casa. Puede que tengas una pareja increíble, pero solo ves lo que crees que está mal o que le falta.

Esa es la brecha.

Puede que tengas hijos estupendos, pero solo veas dónde se quedan cortos.

Puede que hayas hecho un progreso enorme en tus objetivos a lo largo de los últimos noventa días, pero solo ves las cosas que no fueron según lo previsto.

Compara vivir en la brecha a vivir en «la ganancia». En vez de medirte constantemente con respecto a tu ideal, mídete con respecto a donde estabas antes.

Esto puede parecer contradictorio. Déjame que lo explique.

La historia que te cuentas a ti mismo y a los demás es sobre tu yo futuro, tu ideal. Pero cuando se trata de *medir el progreso* a corto plazo, quieres mirar hacia donde estabas antes. El propósito de medir la ganancia de manera regular es ver el progreso que estás haciendo. Al ver el progreso, sientes el movimiento y el impulso. Esto incrementa tu confianza y sentido moral para continuar persiguiendo un yo futuro más allá de lo que jamás hayas sido.

¿Por qué es tan importante medir la ganancia?

Primero, reenfoca tu «atención selectiva». No vemos el mundo de manera objetiva, sino a través de una lente subjetiva. Esa lente se entrena en función de aquello en lo que decidimos centrarnos. Cuando empiezas a enfocar las ganancias, te entrenas a ti mismo para ver el progreso y el impulso. Creas una sensación de «victoria», lo que potencia tu confianza, emoción y entusiasmo.

Ese es el propósito y la practicidad de medir la ganancia. Es totalmente psicológico. El objetivo es sentirse bien con lo que estás haciendo, porque estas emociones positivas y la confianza que conllevan te inspirarán a seguir persiguiendo objetivos más grandes y desafiantes. La confianza es la base de la imaginación, y viene de ver el progreso.

Cuando empiezas a replantear de manera proactiva tu narrativa, es increíblemente poderoso cambiar lo que antes era una narrativa de «brecha» a una de «ganancia». Por ejemplo, puedes albergar emociones negativas sobre algo que te ocurrió en el pasado. Puede que veas la experiencia en función de todo lo que te costó o te provocó. Puede que culpes de tus circunstancias actuales a esas experiencias anteriores.

¿Pero qué pasaría si le dieras la vuelta al guion de esas experiencias? ¿Qué pasaría si cambiases proactivamente tu atención y empezases a buscar las «ganancias» de dichas experiencias? ¿Qué pasaría si decidieses replantear y contar de nuevo esas historias desde una perspectiva distinta?

La historia se revisa todo el tiempo con nuevas perspectivas, experiencias y conocimientos. Si tu propio pasado no ha cambiado, entonces sigues atascado en él. No estás evolucionando ni creciendo.

Pasar de la brecha a la ganancia es la forma en que *recuerdas estratégicamente* tus experiencias. Es cómo recuerdas tu pasado *intencionalmente*, no basándote en tus reacciones emocionales iniciales, sino en tu identidad y objetivos elegidos. Tú eres el que da significado a tus experiencias. Tú eres quien formula la historia.

Entonces, ¿cómo darle la vuelta a tu propio guion?

Volver a recordar el pasado consiste en filtrarlo a través de la lente de tu identidad elegida: tu yo futuro. ¿Cómo vería estos acontecimientos una versión más evolucionada de ti? ¿Cómo te han permitido estos acontecimientos convertirte en quien eres hoy?

Todo en tu pasado ha ocurrido —o mejor dicho, *está ocurriendo*— para ti, no a ti.

Russell Wayne Baker fue un reputado y famoso periodista y comentarista estadounidense, autor de una autobiografía ganadora del Premio Pulitzer. Su autobiografía fue originalmente rechazada por las editoriales por «no ser interesante». Como respuesta al rechazo de su historia, dijo a su mujer: «Ahora me voy arriba a inventarme la historia de mi vida».

El resultado fue el *bestseller* ganador del Premio Pulitzer *Growing Up*.[11] Esta versión «reinventada» de su propia historia no era menos verdadera que la versión original; simplemente encontró una manera más convincente y útil de contar esa historia.

Su pasado, al igual que el tuyo, puede verse de infinitas maneras. Una experiencia terrible puede replantearse como una experiencia de aprendizaje.

Un día aburrido en el colegio puede replantearse como una experiencia poderosa y positiva.

Lo que decidas enfatizar o ignorar en una historia determina el enfoque y el impacto de la misma. El psiquiatra Gordon Livingston, MD, dijo sobre esto: «Cada uno de nosotros tiene una libertad similar para interpretar su propia historia. Tenemos el poder de idealizar o denigrar a los personajes que habitan nuestra historia vital. Simplemente tenemos que experimentar ambas alternativas como reflejo de nuestra necesidad coyuntural de vernos a nosotros mismos de determinadas maneras, y darnos cuenta de que todos somos capaces de colorear nuestro pasado feliz o tristemente».[12]

Yo crecí en un hogar roto. Mis padres se divorciaron cuando tenía once años. El divorcio condujo a mi padre a una depresión profunda y, finalmente, a convertirse en un drogadicto. Durante mi adolescencia, tuve muy poca estabilidad y casi no terminé el bachillerato. Cometí un montón de errores y me enfrenté a mucho dolor emocional y confusión.

Durante este periodo de mi vida, creé todo tipo de significados que me ayudasen a entender y navegar por mis experiencias. Parte de ese significado era que mi padre nos había fallado a mis hermanos pequeños y a mí. Él era el culpable, la «causa» de todo lo malo en mi mundo.

Me sentía como una completa víctima de todo lo que *me* sucedía. Casi un año después de graduarme y básicamente no hacer nada, decidí cambiar mi vida. Me harté de jugar a videojuegos quince horas al día. Siempre quise servir en una misión eclesiástica, pero había renunciado a ello debido a acontecimientos de la vida y a mi interpretación de ellos.

Lo fundamental para cambiar mi vida fue reavivar la relación con mi padre. Había contactado innumerables veces conmigo durante mis años en el instituto. Yo le había rechazado. Pero para poder continuar hacia delante y cambiar mi vida, sabía que tenía que hablar con él otra vez. Empezamos a vernos una vez a la semana para comer. Me animó para que fuese a servir en mi misión.

Hace aproximadamente diez años que empecé a hablar otra vez con mi padre y me preparé para esa misión en la iglesia. Durante esos diez años, me he convertido en una persona totalmente nueva. He aprendido a mirar mi pasado de manera diferente, a ver las ganancias en vez de las brechas. Como Tucker Max, veo mi pasado con más compasión, no juzgándolo. También veo a mis padres con compasión y comprensión, en vez de juzgarles.

Parte del cambio de la brecha a la ganancia es *obtener más información*. En múltiples ocasiones desde que volví de mi experiencia misionera, he hablado con mi padre sobre ese difícil periodo de nuestras vidas. Desde entonces ha enmendado su vida, e incluso ha sido terapeuta de recuperación de adicciones durante unos años.

Al oír hablar de mi adolescencia *desde la perspectiva de mi padre*, me he sentido humilde. Él mismo estaba pasando por un gran trauma. No solo el divorcio le destrozó, sino que sus hijos le abandonaron en su momento de mayor necesidad. No estoy justificando su comportamiento. Pero estoy eligiendo *cómo* recuerdo mis experiencias. Estoy eligiendo, basándome en mi contexto y perspectiva actuales, replantearme mi pasado en función de las ganancias, no de las brechas.

Mi historia solía ser sobre cómo mi padre nos había fallado a mis hermanos y a mí. Durante mi experiencia misionera, mi historia empezó a cambiar. Cuando contaba mi pasado como misionero, explicaba que había perdonado a mi padre por lo que nos había hecho y que el pasado había quedado «atrás».

Pero ese «atrás» no era suficiente. Mi padre fue adoptado cuando era un bebé. Ahora soy padre de tres niños adoptados. Ayudar a mis hijos a superar sus traumas me ha ayudado a reescribir la historia de mi padre. Ahora veo a mi padre con mayor compasión y comprensión.

El significado del comportamiento de mi padre, y el contexto general de ese episodio, sigue cambiando para mí. Es menos doloroso, pero cada vez más crucial para el crecimiento que he tenido y que sigo experimentando. De hecho, a estas alturas, ya no es doloroso pensar o hablar de ello. Todo durante ese periodo de tiempo ocurrió para mí, no a mí.

Durante los diez últimos años, he visto a mi padre cambiar su vida de manera absolutamente increíble, controlarse y convertirse en uno de mis mejores amigos. Es uno de mis héroes absolutos. Lo que ha conseguido superar es absolutamente extraordinario. Así que ahora mi relato sobre toda la experiencia es de «asombro» por lo que pasó mi padre y por lo que se ha convertido como resultado. La transformación y las ganancias son mucho más significativas que profundizar y obsesionarse con los detalles de lo que ocurrió hace tantos años.

Cuanto más me desarrollo emocionalmente, menos me afecta negativamente mi pasado y más puedo darle forma a su significado.

Esto también es cierto para ti.

En este momento, es tu trabajo remodelar la narrativa de tu pasado. El primer paso es cambiar de la brecha a la ganancia. He aquí cómo hacerlo.

Paso uno: cambia el significado del pasado de «brecha» a «ganancia»

Practiquemos entrenando tu mentalidad para pasar de las brechas a las ganancias. Para ello, saca tu diario y responde a las siguientes preguntas:

> A lo largo de los últimos diez años, ¿qué «victorias» o «crecimientos» significativos has experimentado?
>
> ¿Cómo has cambiado como persona?
>
> ¿Qué cosas negativas has dejado atrás?
>
> ¿Cómo ha cambiado tu opinión de ti y sobre la vida en los últimos años?
>
> ¿Cuáles son de uno a tres logros o signos de progreso que has tenido en los últimos noventa días?

Al centrarte en el progreso, te permites centrarte en el cambio y en el crecimiento. Esto mejorará tu imaginación y confianza mientras empiezas a dar forma a tu futura identidad. Si haces esto con constancia, entrenarás tu cerebro y tu atención selectiva para que solo vean el crecimiento. Entrenarás tu identidad para que sea positiva.

Paso dos: piensa de una a tres experiencias negativas de tu pasado

Ahora que has pensado en tu pasado en términos de «ganancia», piensa de una a tres experiencias clave que creas que han impactado negativamente en tu vida. Escribe esas experiencias en tu diario.

Paso tres: enumera todos los beneficios o «ganancias» de esas experiencias

Dedica ahora un tiempo a pensar y enumerar todos los beneficios, oportunidades o lecciones que han surgido de esas experiencias. ¿Cómo han sucedido esas experiencias para ti, en vez de a ti?

Paso cuatro: mantén una conversación entre tu futuro yo y tu antiguo yo

Tu antiguo yo no ha desaparecido. Está vivo y coleando. Lo llevas contigo adonde quiera que vayas, al igual que haces con tu yo futuro. Sin embargo, posiblemente estés llevando contigo una versión magullada y rota de tu antiguo yo, que limita enormemente tu yo actual y futuro.

Es hora de sanar y cambiar tu anterior yo. Vas a cambiar el significado del pasado. Vas a dejar marchar el dolor que has estado llevando contigo. Te quedarás con una identidad diferente a tu antiguo yo. Ahora tu yo pasado estará completamente sano.

Medir las ganancias de tus experiencias para ver lo lejos que has llegado es una manera poderosa de ver las fortalezas, en lugar de las debilidades, de tu antiguo yo. Otra técnica poderosa es la de tener una conversación entre tu futuro y tu antiguo yo. Puedes hacerlo en tu diario, en tu imaginación, en una sesión de terapia; cómo tú quieras.

Primero, imagina tu yo futuro ideal. Es increíblemente compasivo, sabio y comprensivo. Ha pasado por mucho y ha creado la libertad y la capacidad que quieres en tu vida. Para empezar, aquí tienes unas cuantas preguntas que puedes plantear en tu diario:

¿Cómo ve tu yo futuro a tu antiguo yo?

¿Qué le diría tu yo futuro a tu antiguo yo?

¿Qué experiencias tendrían si pasaran una tarde juntos?

¿Qué pensaría tu antiguo yo de tu yo futuro?

¿Cómo se sentiría tu antiguo yo al escuchar el consejo amoroso de tu yo futuro?

¿Quién sería tu antiguo yo después de esa conversación, una vez que se le diera compasivamente permiso para liberarse y seguir adelante?

Paso cinco: cambia la narrativa de la identidad de tu antiguo yo

Cuando cambias tu historia, ves nuevas posibilidades ante ti. Ya no es la víctima de lo que pasó. Eres, en cambio, el creador del significado de tu propia experiencia. Tu pasado es un significado, una historia que reconstruyes y diseñas aquí y ahora.

Cada vez que vuelves a tu pasado, lo cambias.

Cuando estés sano y curado, el pasado será simplemente una fuente de información que podrás utilizar (no las emociones, excepto aquellas positivas y escogidas). El pasado es simplemente materia prima con la que trabajar. Es completamente maleable y flexible. Puedes escoger las piezas y elegir cuáles descartar y cómo las vas a replantear.

Cada vez que recuperas un recuerdo, lo cambias. Cuantas más veces lo recuperes, más cambiará. La memoria es como el juego del teléfono: cuantas más veces cuentes o imagines la historia, más cambiará. Como dijo la neurocientífica Donna Bridge: «Un recuerdo no es solo una imagen producida por viajar en el tiempo hasta el acontecimiento original; puede ser una imagen algo distorsionada por las veces anteriores que la recordaste... Tu recuerdo de un suceso puede volverse menos preciso, incluso hasta el punto de ser totalmente falso, con cada recuperación».[13]

Tras la conversación entre tu futuro y tu antiguo yo, ¿quién es tu antiguo yo ahora?

¿Quién es la versión pasada de ti que ahora llevas contigo?

¿Qué tiene de diferente tu pasado yo ahora que ha sido curado y transformado?

¿Cómo te sientes respecto a tu yo pasado?

Cuando te pregunten por el pasado, ¿cuál es la nueva historia que contarás?

A medida que vas avanzando y cambiando tus recuerdos, hazlo intencionadamente. Evita recordar recuerdos difíciles cuando estés deprimido o te sientas inseguro. Más bien visita intencionadamente tus recuerdos cuando te sientas seguro, feliz, alegre y estés con aquellos que sabes que te quieren.

En un estudio realizado por la doctora Bridge, se evaluó la capacidad de los participantes para recordar información mirando un montón de objetos en una cuadrícula. Fue un estudio de tres días. El primer día, los participantes vieron 180 elementos diferentes y únicos en varios lugares de la cuadrícula. El segundo día, solo algunos de esos 180 objetos seguían en la cuadrícula, pero todos estaban en un lugar central. El tercer día, se evaluó a los participantes para ver si podían recordar qué objetos estaban en la cuadrícula entre una larga lista de objetos al azar, y también si recordaban dónde estaban ubicados originalmente esos objetos.

Los resultados mostraron una mayor precisión de recuerdo en la prueba final para los elementos que estaban presentes el segundo día en comparación con aquellos que no lo estaban. Sin embargo, los participantes nunca recordaban exactamente la posición correcta. En cambio, tendían a colocar los elementos más cerca de la posición incorrecta que recordaron durante el segundo día en lugar de la correcta del primer día.

La experiencia del segundo día alteró el recuerdo de la del primer día. Los recuerdos se alteran a medida que se recuperan. Como explica la doctora Bridge: «Nuestros hallazgos muestran que el recuerdo incorrecto de la ubicación de un elemento el segundo día influyó en cómo las personas recordaron su ubicación el tercer día... La recuperación del recuerdo no solo reforzó la asociación original. Más bien, alteró el almacenamiento de la memoria para reforzar la ubicación que se recordó en la segunda sesión».

Cada vez que ves o miras algo, lo cambias. En física, un concepto conocido como el *efecto del observador* muestra que la mera observación de un fenómeno cambia inevitablemente ese fenómeno. Por ejemplo, simplemente al comprobar la presión del neumático de un automóvil, dejas escapar inevitablemente una pequeña cantidad de aire, y por lo tanto cambia la presión. Al inspeccionar cualquier objeto se proyecta luz sobre él, provocando que aquel la refleje a su vez. Aun pequeño, habrá ocurrido un cambio.

Al mirar tu pasado, lo cambias. Cada vez que lo miras, tu pasado cambia. Cada vez que te miras al espejo, *tú cambias*.

Un gran ejemplo de alguien que aplicó estratégicamente el efecto del observador es Kamal Ravikant, que cada vez que se miraba al espejo se decía a sí mismo: «Te quiero». Como estaba luchando contra la depresión, inicialmente le costó creérselo. Pero cada vez que lo hacía, cambiaba, aunque fuera imperceptiblemente.[14]

A medida que repetía esta observación intencional miles de veces, pasó lentamente de estar deprimido y albergar tendencias suicidas a amarse puramente a sí mismo. Con el tiempo, la persona que le miraba desde el espejo cambió. Ahora tiene una personalidad totalmente nueva con una nueva base emocional. Toda su historia cambió: el pasado, el presente y el futuro.

Independientemente de lo que te haya sucedido en el pasado, sin importar lo único, terrible (o maravilloso) que haya sido, tienes la misma capacidad de moldear lo que fuiste y en lo que te convertirás.

No trato de restar importancia a lo que te pasó. Tampoco trato de ignorar el impacto emocional de tus experiencias anteriores.

Lo que te estoy mostrando es que, literalmente, tú eres el diseñador de tu pasado. Cómo *eliges recordar* tu pasado es lo que determina tu pasado mucho más que lo que ocurrió realmente.

¿Cuál es tu historia?

¿Cuáles son las experiencias cruciales de tu pasado?

¿Qué beneficios obtuviste de esas experiencias?

¿Quién era tu antiguo yo?

¿Cómo te sientes respecto a tu antiguo yo?

¿Quién eres ahora?

¿Quién es tu yo futuro?

Tu futuro es ficción: ¿qué será?

> Lo que llamamos el principio es a menudo el final. Y llegar al final es llegar al comienzo. El final es de donde partimos.
>
> —T. S. Eliot

Nate Lambert siempre ha luchado con su peso, al igual que toda su familia. Tras innumerables intentos fallidos de ponerse a dieta y perder peso, Nate admitió que su destino en la vida era tener sobrepeso y ser poco saludable. Decidió compensarlo teniendo éxito en otras áreas.

Sin embargo, fue duro para él, porque veía cómo sus padres lidiaban con problemas de salud extremos. Tenían todo tipo de enfermedades y limitaciones debido al sobrepeso. Pensando en ello, Nate empezó a imaginar su propio futuro:

¿Cómo será mi futuro si sigo luchando con mi peso? ¿Cómo seré con setenta años?

Con su historia e identidad del momento, imaginó un yo futuro completamente enfermo e incapaz de hacer las cosas que le gustaban, como dar largas caminatas o viajar alrededor del mundo. También pensó en sus cinco hijos y en sus futuros nietos. No sería capaz de disfrutar plenamente de esas relaciones cuando tuviese setenta años. Si seguía el mismo camino que sus padres, sería enormemente obeso, no podría moverse mucho y sufriría todo tipo de enfermedades incapacitantes.

Esta visión de su futuro, con las dolorosas emociones que evocaba, fue un momento crítico para Nate. Decidió que la *única decisión* que podía tomar, y que tendría el mayor impacto en su salud, sería eliminar completamente el azúcar refinado de su dieta *para el resto de su vida*.

Si eliminaba los azúcares insalubres de su dieta durante el resto de su vida, podría verse a sí mismo controlando su peso. Podría verse a los setenta totalmente sano y en forma, capaz de ir de excursión y jugar con sus futuros nietos. Ese era el yo futuro que realmente quería.

Esa visión de su yo futuro dio a Nate una razón para cambiar su identidad y su comportamiento. Al tomar esa única decisión, ya no tendría que obsesionarse ni estresarse por su peso.

En psicología, la «fatiga decisoria» es una manera de agotar nuestra fuerza de voluntad, gastando nuestros recursos mentales para sopesar los pros y los contras de cada decisión que se nos presenta.

La fatiga decisoria puede evitarse haciendo una elección comprometida. Por ejemplo, cuando Nate decidió que iba a dejar de consumir azúcar de por vida, ya no tuvo que volver a decidir a cada ocasión si iba a tomar azúcar o no. La decisión ya estaba tomada, y por lo tanto la fatiga decisoria —sopesando opciones y posibles resultados— ya no fue un problema.

Al no tomar una decisión clara para ti mismo *de antemano*, has diferido el proceso de toma de decisiones a algún momento futuro en que te veas obligado a decidir.

Por ejemplo, cuando suena el despertador a las cinco de la mañana, si aún no te has comprometido a tomar la decisión de levantarte de la cama, te expones al fracaso. Te has puesto en la situación de tomar una decisión *en ese momento*, cuando estás en la cama, confuso y exhausto. En lugar de eso, pon la alarma al otro lado de la habitación, donde ya no tengas opción: tendrás que levantarte y apagarla.

Los interrogantes son *realmente* malos para la fuerza de voluntad y, en última instancia, inducen a las personas hacia las influencias negativas de su entorno. Tienes que saber lo que harás en una situación determinada. La decisión tiene que estar tomada antes de llegar a ella, de lo contrario te vuelves inconsistente, yendo constantemente de un lado para otro contigo mismo.

Lo opuesto a la fatiga decisoria es tomar una decisión comprometida. Como se le atribuye a la leyenda del baloncesto, Michael Jordan: «Nunca más vuelvo a pensar en una decisión una vez que la he tomado».

Piensa en Ken, el hombre que «nunca» fumó. Una vez que decidió que nunca más fumaría, no tardó en *no volver a pensar en fumar*. La fatiga decisoria es esencial para la adicción. La adicción existe porque aún no se ha tomado la decisión de dejar de fumar, y por consiguiente la mente sigue consumiéndose.

Clayton Christensen, profesor de negocios de Harvard, ha dicho: «Es más fácil mantener tus principios[15] el 100 % del tiempo que mantenerlos el 98 % del tiempo».

Cuando solo estás comprometido a algo en un 98 %, entonces *realmente no has decidido*. Como resultado, estás obligado a seguir tomando decisiones en cada situación futura en que te encuentres, sopesando en cada caso si una situación particular entra en el 2 % de excepciones que te has permitido. En cada situación en la que te encuentres, no estarás realmente seguro de cuál será el resultado desde el punto de vista de tu comportamiento y de tu toma de decisiones.

Esta falta de decisión conduce a la confusión de la identidad y a la falta de éxito. Comprometiéndose al cien por cien con lo que se quiere es como se consigue el éxito. Tomar decisiones serias y a veces duras, en vez de aplazarlas para las malas situaciones, conduce a una mayor confianza y progreso.

Una vez que Nate se comprometió con su decisión de dejar de tomar azúcar refinado, su identidad cambió completamente. Su nuevo yo futuro —alguien totalmente sano en el futuro que podría jugar con sus nietos, viajar y hacer senderismo— estaba dando forma ahora a su identidad y a sus elecciones actuales.

Es importante mencionar que el «azúcar» en sí mismo no es necesariamente el problema. El problema es el futuro *con azúcar* imaginado por Nate, frente a su futuro imaginado sin él. Si imagina su yo futuro sin azúcar, ve todo tipo de posibilidades que no estarían ahí si el azúcar estuviera presente.

Puedes y debes hacer esto por ti mismo. Piensa en algo en tu vida con lo que no estás del todo satisfecho. ¿Cómo sería tu futuro sin eso en tu vida?

No es que «eso» —ya sea el azúcar, los videojuegos o cualquier otro «vicio» o distracción— sea intrínsecamente «malo», sino que tu yo futuro es diferente sin ello.

Las decisiones dan forma a tu futuro.

Tu futuro da forma a tu identidad.

Tu identidad da forma a tus elecciones y, en última instancia, a tu personalidad.

Con este nuevo futuro yo en mente, posibilitado por su decisión de no consumir azúcar al cien por cien de por vida, Nate empezó a interesarse mucho por su salud. Empezó a leer libros sobre salud. Investigó todos los efectos negativos del azúcar. Escribió una lista de todas las enfermedades asociadas al azúcar, como la demencia.

Nate cambió de manera proactiva su identidad *para que coincidiese con su decisión*.

Cada mañana, proclamaba su refrendo diario de que era un individuo sano, vibrante y sin azúcar. Cuando le invitaban a comer alimentos azucarados o poco saludables, afirmaba su identidad contestando: «No, gracias. No consumo azúcar».

En los seis meses que siguieron, Nate perdió más de veintidós kilos y su confianza y perspectiva de futuro se dispararon.

El relato de Nate sobre sí mismo y su pasado también cambió. Su historia se centró mucho más en *dónde iba a ir* que en dónde había estado. Nate no es el gordo de antes. En su lugar, es la persona sana y vibrante que quiere ser.

Ahora te toca a ti.

Paso uno: Examina honestamente el futuro que te has asignado

Antes de imaginar tu yo futuro *deseado*, tómate el tiempo de pensar honestamente en el futuro que te has asignado. Recuerda que Nate se había resignado al hecho de que su yo futuro sería limitado, como el de sus padres.

No fue hasta que tomó una decisión crucial que su yo futuro deseado no solo se hizo posible, sino creíble.

> ¿Cuál es el futuro que actualmente te has asignado?
>
> ¿Cómo te sientes con ese futuro?
>
> ¿Realmente es eso lo que quieres?
>
> ¿Te ves alcanzando los objetivos que siempre has soñado lograr?

Si no estás completamente entusiasmado con el futuro que honestamente ves desplegarse ante ti, entonces hay un problema. Ese yo futuro limitado también está limitando quién eres ahora. Tu futuro y tus objetivos son lo que definen tu identidad. Por consiguiente, con un yo futuro limitado, tu identidad y comportamiento actuales también van a ser menos de lo que podrían ser. Como dice Dan Sullivan: «Cuanto más grande sea tu futuro, mejor será tu presente».

Para mejorar tu identidad, tus acciones y tu comportamiento, necesitas un yo futuro nuevo. Necesitas algo con lo que vibres profundamente y que te entusiasme. Algo extremadamente significativo en torno a lo cual puedas moldear tu identidad actual.

Paso dos: Escribe tu propia biografía

> Tienes que apuntar más allá de lo que eres capaz. Tienes que desarrollar un desprecio total por dónde acaban tus habilidades. Si crees que no eres capaz de trabajar para la mejor empresa de su *ámbito*, haz que esa sea tu aspiración. Si crees que eres indigno de aparecer en la portada de la revista Times, haz que sea tu objetivo salir en ella. Haz que la visión de dónde quieres estar sea una realidad.[16] Nada es imposible.
>
> —Paul Arden

Tienes la oportunidad de escribir tu propia historia. Saca tu diario y empieza tu propia biografía, como si estuvieses relatando la historia de alguien que ya no está vivo.

¿Cuál fue tu historia?

¿Cuáles fueron los acontecimientos más significativos?

¿Cómo serás recordado?

¿Cómo viviste tu vida?

¿Qué conseguiste?

Tómate tu tiempo para esbozar tu propia biografía. Relata desde que naciste hasta el presente. Luego, escribe desde el presente hasta el resto de tu vida. Repite este ejercicio cada año, más o menos. Te darás cuenta de que tu narración del pasado y el futuro cambiará y evolucionará a medida que tú cambies y evoluciones. Sin embargo, cuanto más hagas este ejercicio, más intencional y creativo serás a la hora de narrar tu historia.

Serás cada vez mejor creando y viviendo la historia de tu imaginación. Como vivirás con mayor intención, tendrás experiencias cumbre con más regularidad. Estas experiencias cumbre alterarán tu perspectiva e incrementarán tu confianza, permitiéndote tener una identidad más flexible. Cuanto más flexible te vuelvas, menos rígido serás con respecto a tu pasado y a quién crees que eres. Serás capaz de imaginar un yo futuro y personificarlo rápidamente.

Paso tres: Imagina tu yo futuro dentro de tres años

¿Quién quieres ser dentro de tres años? Sé específico.
¿Cuánto dinero ganas?
¿Quiénes son tus amigos?
¿Cómo es tu día típico?
¿Qué tipo de ropa llevas?
¿Cómo tienes el pelo?
¿Qué tipo de trabajo haces?
¿Cómo es tu entorno?
Si no has hecho muchas proyecciones de futuro, puedes empezar con noventa días a partir de aquí.
¿Quién quieres ser dentro de noventa días?
¿Qué quieres haber logrado para entonces?
¿Cómo quieres ser diferente?
¿Qué cambios quieres hacer en tu entorno?

En vez de responder a estas preguntas solo en tu cabeza, es mucho más eficaz escribirlas o mecanografiarlas en una declaración de «visión» o de «yo futuro». Este documento podría teclearse e imprimirse e incluir imágenes inspiradoras que reflejen tu yo futuro y tus circunstancias futuras. Algunos ejemplos de imágenes podrían ser:

- Fotografías tuyas y de tu familia que te gusten.
- Fotografías de personas que están físicamente en la forma en que quieres estar.
- Fotografías de entornos que quieres poseer, como una casa hermosa.
- Fotografías de figuras espirituales, como Cristo o Buda, a quienes quieres emular.
- Fotografías de experiencias que planeas tener, como una maratón o un viaje al extranjero.

Este documento puede ser tan largo como quieras, pero también ayuda si es breve y centrado.

Paso cuatro: Cuéntale a todo el mundo tu nueva historia... *tu yo futuro*

> No te preocupes por buscar quién eres. Busca la persona que aspiras a ser.
>
> —Robert Brault

La narrativa de la identidad de la mayoría de las personas está arraigada en su pasado. De ahora en adelante, tu narrativa de la identidad, es decir, tu «historia», se basa en tu yo futuro. Es la historia que contarás a la gente a partir de ahora cuando te pregunten quién eres.

En el musical *Hamilton*, la canción «Satisfied» describe la fiesta en la que Hamilton conoce a las hermanas Schuyler, con una de las cuales se acaba casando. Hamilton conoce primero a Angelica. Surgen las preguntas habituales, centradas en el estatus y en la clase[17].

> «*Me llamo Angelica Schuyler*».
> «*Alexander Hamilton*».

«¿De dónde es su familia?».
*«No tiene importancia. Hay un millón de cosas que no he hecho, pero espere, espérese usted…».**

Alexander no tenía un pasado espectacular. No tenía circunstancias excepcionales. No era rico. Pero tenía sueños. Su narrativa no se basaba en dónde estaba en ese momento o lo que había hecho anteriormente. Su narrativa de identidad se basaba en lo que iba a hacer.

Cameron Herold es el fundador de la COO Alliance, y ha ayudado a cientos de organizaciones a desarrollar lo que él llama una «Visión Vívida». Herold recomienda que las organizaciones elaboren estos documentos Visión, de entre tres y cinco páginas de largo, y que, una vez desarrollados, los difundan *por todas partes.*

Si eres una empresa, quieres que todos los miembros de tu equipo conozcan tu visión (no tu tipo de personalidad). También quieres que todos tus clientes, reales y potenciales, la conozcan.

En lo que a ti respecta, tener un documento impreso de tres a cinco páginas sobre tu yo futuro te ayudará a verlo y creerlo más plenamente. Además, querrás compartir tu documento Visión Vívida con todos tus conocidos. A medida que compartas tu visión y tus objetivos con las personas de tu vida, empezarán a hacerte más responsable.

Tu visión tiene que ser algo que esté muy por encima de tu realidad actual. Tiene que inspirarte y entusiasmarte; tiene que motivarte y esperanzarte. Tiene que ser algo que te agrande y te cambie. Tiene que ser lo bastante ambicioso como para que, cuando mires atrás, te sorprenda dónde estás y quién eres entonces.

Tu «yo futuro» y tu «visión» están bajo revisión constante y deben ser *documentos de trabajo.* Para que resulten útiles y estratégicos, es conve-

---

* *«My name is Angelica Schuyler».*
«Alexander Hamilton».
«Where's your family from?».
«Unimportant. There's a million things I haven't done but just you wait, just you wait…».

niente limitar esa visión a tres o menos años en el futuro. La visión debe centrarse en tu objetivo principal, que si lo logras, hará que tu yo futuro, y todo lo demás que quieres en tu vida, sea posible.

Conclusión

Ahora que has replanteado tu pasado y has imaginado tu futuro ideal, es momento de ponerse manos a la obra.

Es el momento de actuar.

Para consolidar tu nueva identidad, tienes que empezar a actuar en consonancia con esa nueva identidad, en lugar de con tu antiguo yo. Los psicólogos tienen un término para esto: *autoseñalización*, que significa que nuestras acciones nos indican quiénes somos. Nos juzgamos y medimos a nosotros mismos por nuestras acciones. Si cambias tu comportamiento, tu identidad empezará a hacer lo mismo.

Si empiezas a actuar como tu yo futuro, acabarás convirtiéndote en él. Tu personalidad se adaptará a tus objetivos, y tendrás las características, los atributos y las circunstancias que deseas.

Para ello, debes hacer de tu yo futuro tu nueva norma diaria de conducta. Debes decir que no a las oportunidades y opciones de tu yo actual y renunciar a ellas por las del yo futuro.

Tu yo futuro es la nueva norma.

Por ejemplo, si eres conferenciante y tus honorarios por ponencia son de 5000 dólares, súbelos a 15 000, y di que no si alguien no está dispuesto a pagarlos. Prefiere que te rechacen con tu nuevo estándar a que te acepten con el anterior.

Con el tiempo, tu subconsciente se pone al día con tu valentía, convirtiéndose en tu nueva normalidad. Con el tiempo, el nuevo estándar será reemplazado por uno diferente y superior, y no solo en términos monetarios. A veces, el nuevo estándar es una mejora lateral en vez de vertical. Haz que tu yo futuro sea el nuevo estándar para tu mentalidad y comportamiento actuales.

El próximo capítulo te enseñará exactamente lo que necesitas saber.

CAPÍTULO 5

Mejora tu subconsciente

> El inconsciente es el repositorio de todos nuestros sentimientos, independientemente de su aceptabilidad social o personal. Conocer el inconsciente es extremadamente importante, ya que lo que ocurre ahí abajo puede ser responsable de esas características de la personalidad que nos llevan a comportarnos como lo hacemos.[1]
>
> —Dr. John E. Sarno

Durante el verano de 1996, Jane Christiansen fue a hacer esquí acuático por primera y única vez. Aunque estaba increíblemente sana y en forma, Jane, de treinta y seis años, también era inexperta. Cuando otra embarcación se acercó demasiado, formando olas bajo los esquís de Jane, ella no pensó en soltarse.

Antes de darse cuenta, estaba en el aire con su pierna derecha lanzada torpemente sobre la parte posterior de su cabeza. Cuando cayó al agua, el dolor era insoportable. No podía moverse y necesitó ayuda para salir del agua. El dolor era paralizante.

Cuando fue al médico, se enteró de sus músculos isquiotibiales estaban separados en un noventa por ciento de los glúteos, casi completamente desgarrados. El doctor le dijo que nunca podría volver a correr. Esto fue increíblemente devastador, dado que Jane llevaba un estilo de vida muy activo y había corrido una maratón solo unos meses antes. Aunque fue un trago amargo, tomó las palabras del doctor como un evangelio y se resignó a no volver a correr. En ella arraigó un compromiso cognitivo prematuro.

Aun así, después del accidente, Jane se recuperó rápidamente y retomó su estilo de vida normal, sano y activo; sin embargo, no corrió. Evitó enfrentarse al trauma, y su mentalidad fija respecto a su capacidad para correr se solidificó.

Avancemos hasta 2011: el marido de Jane perdió inesperadamente lo que pensaban que era un trabajo seguro. En vez de buscar otro empleo, decidió prejubilarse. Esto fue una sorpresa para Jane, que enfureció. Trabajaba duro dirigiendo un negocio y no le gustaba ver a su marido pasarse el día en el campo de golf. Pero se lo calló, ya que no quería herir sus sentimientos o que los demás la viesen como una quejica.

Así que reprimió su creciente rabia.

Entonces ocurrió algo que no tuvo sentido inmediatamente. El dolor en el isquiotibial derecho volvió, y fue tan atroz como en el accidente de esquí acuático *quince años atrás*. No solo eso, sino que también le empezó a palpitar el pie izquierdo. El dolor salió de la nada, inexplicable e intenso.

¿Cómo pudo ocurrir esto?

Jane fue a ver a un médico. Su explicación fue que ella tenía ahora más de cincuenta años y que el dolor era parte del *proceso natural de envejecimiento*. Le diagnosticó tendinitis y artritis. A Jane no le cuadraba mucho, pero como hacía quince años, aceptó el diagnóstico.

Supongo que me estoy haciendo mayor, fue el relato que Jane formuló en su mente, nacido de un compromiso cognitivo que había aceptado y que acabó convirtiéndose en su realidad biológica.

Posteriormente, el dolor no hizo más que empeorar. Su forma física se volvió cada vez más limitada. Durante la temporada de senderismo de 2011, no hizo ni una sola caminata, a pesar de ser este su pasatiempo preferido. Su dolor también afectó a su trabajo.

Mientras tanto, la rabia y frustración hacia su marido crecían silenciosamente. A veces estaba tan enfadada que apenas podía caminar. En todo ese tiempo, nunca contó a nadie el dolor que sufría. Al ser la dueña de un negocio de salud, y alguien a quien los demás veían como un ejemplo de salud y positividad, quería mantener la apariencia.

Era una perfeccionista, y lo había sido desde que era una niña. No quería que nadie supiese que estaba en apuros.

Avancemos hasta 2014: Jane asistió a un evento de empresas y mercadotecnia. En ese evento, le presentaron a Joe Polish, fundador de Genius Network y Genius Recovery. Cuando Joe vio que Jane cojeaba, le preguntó al respecto.

«¿Qué le pasa?», le preguntó, señalando su pierna.

Jane le quitó importancia. «Oh, nada, solo un poco de dolor en la pierna».

«¿Qué quiere decir con "dolor de pierna"? ¿Tiene una lesión o algo así?».

«Sí, fue en un accidente haciendo esquí acuático y ya tengo más de cincuenta».

«¿Y este accidente fue reciente?».

«No, fue hace casi veinte años».

«Espere, ¿está usted experimentando dolor por algo que pasó hace veinte años?».

«Supongo que sí, no lo sé realmente», respondió Jane.

Joe puso entonces a Jane en contacto con un amigo, Steven Ozanich, experto en la conexión entre las emociones reprimidas y el dolor físico.

Unos días más tarde, Jane estaba al teléfono con Steven. Este no le preguntó sobre sus síntomas físicos, ni si estaba viendo a algún médico o haciendo algún tipo de terapia para solucionar el problema. En cambio, le hizo un montón de preguntas sobre su vida.

«¿Está usted casada?».

«Sí».

«¿A qué se dedica su marido?».

«Bueno, ahora mismo no está trabajando. Perdió su trabajo hace tres años».

«¿Y cómo le hace sentir esto?».

«La verdad es que es difícil lidiar con ello».

«No, le he preguntado que cómo le hace *sentir*», presionó Steven.

Jane continuó tanteando sus emociones: «Es difícil».

«No, en serio. ¿Cómo le hace sentir que su marido no tenga trabajo?».

«Hace que me sienta molesta».

«¿Solo molesta?».

«Si soy completamente sincera con usted, me cabrea mucho».

«Parece que está realmente enfadada por ello».

«Lo estoy. A veces siento mucha rabia».

«¿Cuándo empezó el dolor en las piernas?».

«Hace unos tres años, justo cuando mi marido perdió su trabajo».

«Bien, esto es lo que está pasando», dijo Steven. «Su dolor no tiene nada que ver con la lesión de esquí acuático. Su dolor proviene de las emociones que siente hacia su marido. Tiene que encontrar una manera de expresar sus emociones».

Ahí terminó básicamente su primera conversación. Le dijo que leyese su libro *La gran farsa del dolor* y que, cuando lo hiciese, podrían tener otra conversación.

Tras la llamada telefónica, Jane compró inmediatamente el libro, pero cuando llegó por correo, no lo leyó. Aunque la conversación con Steven había sido interesante, no le había llegado. No podía aceptar la idea de que sus emociones reprimidas fueran la verdadera causa de sus problemas.

Unos meses más tarde, en febrero de 2015, Jane recibió un correo electrónico de Steven:

> «Hola, Jane, ¿cómo está?».
>
> «Estoy bien, pero sigo con dolores. Aún no leí su libro, pero le prometo que lo haré».

Inmediatamente después de enviar la contestación, cogió el libro de Steven de la estantería y lo leyó por completo esa semana. Cuando terminó, el dolor en ambas piernas había desaparecido en un noventa por ciento. Entusiasmada, volvió a enviar un correo electrónico a Steven y programó otra llamada. Steven le explicó que su dolor había desaparecido gracias a la «terapia del conocimiento», que hizo que fuera consciente de la verdadera causa de sus dolores y problemas.

Durante una segunda llamada, Steven preguntó a Jane qué había estado haciendo para el dolor durante los últimos años, y qué estaba haciendo actualmente.

Había hecho todo tipo de terapias y tratamientos caros, incluso había volado al otro lado del país para probar terapias experimentales. Steven le dijo que dejase de hacer todo lo que estaba haciendo para tratar el dolor. No más acupuntura, masajes, quiropráctica, etc.

«Deje todo eso», le dijo. «Alimenta la creencia de que se trata de un problema físico. Siga con su vida como si todo fuese normal. Si está haciendo ejercicio y le empieza a doler, continúe haciendo ejercicio. Aguante el dolor como si este no existiera. Además de dejar todos los tratamientos físicos, tiene que empezar a expresar sus emociones».

A partir de ese momento, Jane hizo cuatro cambios:

1. Dejó inmediatamente todas las terapias físicas que estaba haciendo, en las que estaba gastando decenas de miles de dólares.
2. Comenzó lo que ella llama su «Diario de la furia», donde expresa todas sus frustraciones y enfados.
3. Empezó a hablar con su marido sobre cómo se sentía.
4. *Se propuso correr otra vez.*

Con esos cuatro cambios de comportamiento, la vida de Jane cambió por completo. Se dio cuenta de que, para no sufrir ningún dolor, tenía que expresar sus emociones a medida que se manifestasen. No podía reprimirlas ni inhibirlas más. Poder correr de nuevo también ayudó a aumentar su confianza.

Avancemos hasta 2019: Jane tiene cincuenta y ocho años y está más activa y sana que nunca desde el accidente. No ha tenido ningún dolor en las piernas desde hace más de cuatro años. La gente que la rodea está sorprendida, ya que parece más joven cada año. Sigue llevando a la gente al límite en la clase de *fitness* que imparte. Su resplandor brilla con luz propia.

Jane es mucho más comprensiva con su pasado. Ya no es tan crítica con su marido, y ve también cómo esto causó tensión en el matrimonio a lo largo de los años. Se ve a sí misma muriendo muy anciana y completamente sana, en forma y sin dolor. También se ve felizmente casada con su marido para el resto de sus vidas, algo de lo que no había estado segura en sus últimos años de frustración.

El perfeccionismo y la rigidez emocional de Jane han sido reemplazados por una mayor flexibilidad psicológica. Solía frustrarse y enfadarse por cualquier desorden o desorganización en su casa. Ahora es más flexible en sus relaciones personales.

«Ciertas cosas realmente no importan, como que la cama no esté hecha».

Y aunque mantiene sus elevados estándares de trabajo, incluso ella misma ha notado que es cada vez más abierta, permitiendo que sus empleados lleven a cabo sus propias ideas sin tener que hacer las cosas a su manera.

Jane está ahora mucho más en contacto con sus emociones. Cuando se da cuenta de que se está excitando, o cuando se siente estresada o ansiosa debido a las exigencias del trabajo o a algo que ocurre en sus relaciones, inmediatamente se da espacio y saca su diario para procesar sus pensamientos. Nunca va a ningún lado sin su Diario de la Rabia.

Antes de expresar sus pensamientos y sentimientos con los demás, primero los procesa y organiza en su diario. Esto hace que la comunicación sea más clara y se base más en sus emociones secundarias elegidas que en su reacción o estado inicial. Escribir en el diario y conectar consigo misma le ayuda a evitar compromisos cognitivos prematuros durante situaciones emocionalmente difíciles. Le permite reconectar con su yo futuro y la vida que quiere crear.

Ha aprendido a comunicar sus necesidades. Establece mejores límites para sí misma y sus relaciones. Es menos complaciente con la gente. Su desarrollo emocional y su flexibilidad como persona han evolucionado, y por lo tanto su personalidad ha cambiado. Es menos rígida y está menos anclada en el pasado. Está más en contacto con su presente, más conectada con los demás e impulsada hacia adelante por su yo futuro.

La historia de Jane es la suya propia, y es una de tantas. Las personas experimentan dolor por diferentes razones, y aunque yo no estoy cualificado ni es mi intención dar consejos médicos, es alarmante la cantidad de personas que experimentan dolores físicos crónicos por razones que provienen de un trauma psicológico subyacente.

Durante el resto del capítulo, voy a desgranar una gran cantidad de información científica que explora la conexión entre nuestras emociones, nuestro subconsciente y nuestro cuerpo físico. Es importante no olvidar que, aunque la ciencia describe las tendencias generales de la población, la situación de cada persona es única y, por lo tanto, nada de esto debe tomarse como un consejo médico.

Tus recuerdos son físicos y tu cuerpo es emocional

Aunque tendemos a pensar que nuestros recuerdos son abstractos y mentales, son físicos y fisiológicos. Tu cuerpo físico es la evidencia de tu pasado, la memoria encarnada de todo lo que vino antes. O como dice Bessel van der Kolk, doctor en Medicina, en el propio título de su libro: *El cuerpo lleva la cuenta*.[2]

Las experiencias de nuestra vida se convierten en nuestra biología. Esas experiencias son recuerdos almacenados en áreas específicas de nuestro cuerpo. En el caso de Jane, su trauma del esquí acuático creó una memoria que se almacenó en su pierna. Como ha dicho el doctor Steven Cole, director del Laboratorio Central de Genómica Social de la UCLA:* «Una célula es una máquina para convertir la experiencia en biología».[3]

La historia de Jane pone de manifiesto la conexión fundamental entre nuestras emociones y nuestro cuerpo físico. Aunque rara vez los profesionales de la medicina las relacionan, en realidad son una misma cosa.

Nuestras emociones son el pegamento que mantiene unidos nuestro cuerpo, nuestros recuerdos y nuestra identidad.

---

* UCLA Social Genomics Core Laboratory, en inglés.

Al igual que la memoria, tendemos a creer que las emociones son abstractas, y que solo residen en nuestras mentes. No es así. *Las emociones son físicas.*

Hay que repetirlo. Las emociones y los recuerdos tienen marcadores físicos en el cuerpo. Según la doctora Candice Pert, bióloga molecular y neurocientífica, la superficie de todas las células de nuestro cuerpo está revestida de «receptores» que reciben mensajes a través de neuropéptidos, que son pequeñas moléculas de proteínas que transmiten información por el cuerpo y el cerebro. La doctora Pert llama a estos péptidos las «moléculas de la emoción», explicando que la información transmitida y almacenada por todo nuestro cerebro y nuestro cuerpo son *emociones*.[4]

En otras palabras, la información transmitida a través del cerebro y del cuerpo es de naturaleza emocional. Esa información, es decir, el contenido emocional, luego *se convierte en nuestro cuerpo*.

Las experiencias que tenemos transforman no solo nuestra perspectiva e identidad, sino que se convierten en nuestra propia biología.

¿Por qué esto es importante? Porque debemos replantear cómo vemos nuestro cuerpo, *y considerarlo como un sistema emocional.* Las emociones son químicas, y nuestro cuerpo se acostumbra o habitúa a estos químicos. Tomemos la dopamina como ejemplo. El cuerpo se acostumbra a cierta dosis de dopamina, y cuando los niveles químicos son bajos, el cuerpo literalmente *necesita* más. Como resultado, y sin pensarlo conscientemente, la mano busca el teléfono móvil, y se pasa por un bucle subconsciente que se ha reproducido[5] repetidamente en el pasado.

Nos sorprendemos a nosotros mismos haciendo esto todo el tiempo.

Hacemos varias cosas por costumbre o adicción. La razón por la que nos involucramos subconscientemente en comportamientos repetitivos es porque nuestro cuerpo se ha vuelto adicto a las emociones que crean nuestros comportamientos. La emoción es una sustancia química transmitida y liberada por todo el cuerpo, recreando la homeostasis que es el cuerpo físico.

Por eso es tan difícil superar una adicción. La adicción no es simplemente un trastorno mental. Es físico. Para cambiar tu adicción, necesitas literalmente cambiar tu biología. Necesitas un futuro yo con una nueva identidad, una nueva historia, un nuevo entorno y un nuevo cuerpo.

¿A qué químicos eres adicto?

¿De qué emociones se nutre tu cuerpo y las reproduce continuamente?

Muchas personas son adictas a la sustancia química cortisol, que produce el estrés. Si no se sienten estresadas, se inquietan y hacen cosas para crear más estrés en sus vidas.

En su libro *Tu gran salto*, el doctor Gay Hendricks explica que cuando las personas empiezan un viaje de transformación personal, se sabotean subconscientemente para volver a su nivel acostumbrado: «Cada uno de nosotros tiene un termostato interno que determina cuánto amor, éxito y creatividad nos permitimos disfrutar. Cuando sobrepasamos el nivel de nuestro termostato interior, a menudo hacemos algo para sabotearnos a nosotros mismos, lo que nos hace volver a la antigua zona familiar en la que nos sentimos seguros».[6]

El doctor Hendricks lo llama el «problema del límite superior». Cuando empiezas a introducir mejoras en tu vida, inconscientemente vas a intentar volver a donde te sientes cómodo. Esto es emocional.

Si no estás acostumbrado a sentirte maravillosamente todo el tiempo, entonces cuando empieces a permitirte sentirte bien, tu subconsciente se inquietará. Quiere emociones negativas porque las sustancias químicas negativas son las que literalmente componen tu cuerpo.

He visto que esto sucede en mi propia vida. De hecho, ocurrió a lo grande cuando estaba escribiendo este libro. A lo largo de los últimos años, he dado saltos enormes en cuanto a mi educación, finanzas, red de contactos, familia y felicidad en general. Sin embargo, en el último año, casi lo tiro todo por la borda.

Me di cuenta de que intentaba sabotear subconscientemente todo lo increíble de mi vida. Me volví adicto a la cafeína, a viajar y a la confusión. No conseguía escribir. Malgasté gran cantidad de tiempo viendo vídeos de YouTube. Me costaba mucho motivarme.

Al ver que empezaba a tener dificultades, pude entender lo que estaba pasando. Una vez que me di cuenta de que me estaba haciendo daño a mí mismo, comprendí que necesitaba buscar ayuda. Empecé por expresar a mi mujer y a otros que estaba en una espiral descendente. Empezamos una terapia, establecimos nuevos objetivos e hicimos importantes ajustes en nuestra familia y nuestras rutinas.

Volví a crear mi yo del futuro. Volví a poner en marcha mi visión. Sin una visión clara impulsándonos hacia adelante, la vida se convierte en una cuestión de cuánta fuerza de voluntad se puede reunir cada día. Lo que necesitaba era un objetivo que dirigiese mi identidad y mi comportamiento. Necesitaba un propósito.

Utilicé mi yo futuro como filtro para establecer límites más firmes en mi vida. Esto implicó tener conversaciones difíciles con personas que me importaban mucho, diciéndoles que tenía que reajustar nuestra relación y poner mis prioridades, como mi fe, mi familia y mi salud, de nuevo en primer lugar. Me sentí humilde, ya que la mayoría de las personas fueron respetuosas y me apoyaron, aunque se sintieran ligeramente frustradas, como cuando tuve que cambiar planes de negocios o cancelar compromisos de conferencias programadas.

Todas estas conversaciones, los ajustes en los propósitos y comportamientos mejoraron el subconsciente, moviéndome al nivel fundamental más cercano a mi yo futuro, no solo conceptualmente. Fue un trabajo profundo, y el trabajo profundo es emocional.

Si no cambias tu subconsciente, será difícil transformar tu personalidad. Si cambias tu subconsciente, entonces la transformación ocurre automáticamente.

Para producir un cambio significativo en nuestras vidas, tenemos que cambiar a nivel subconsciente. De lo contrario, el cambio no será permanente. Puedes intentar forzarte a ser positivo, por ejemplo; pero si tu subconsciente, o tu cuerpo físico, están acostumbrados a estados emocionales negativos, adoptarán por defecto comportamientos que reproduzcan esas emociones. La fuerza de voluntad no funciona para superar las adicciones, al menos no de manera efectiva o predecible.

Tu cuerpo busca la homeostasis dirigiéndote hacia comportamientos y experiencias que reproducen el clima emocional al que está acostumbrado —no necesariamente los comportamientos que son mejores para ti—.

Eres un ser emocional. Tu cuerpo físico es tu «mente subconsciente», y la única manera de alterar tu subconsciente[7] es cambiando el marco emocional que hace que seas como eres.

Durante un tiempo, Jane se había acostumbrado a la ira y a la rabia. Esas eran las emociones a las que era adicta. Su vida se convirtió en un patrón para recrear esas emociones, incluso si conscientemente hacía todo lo posible por ser positiva. Como resultado, esas emociones se convirtieron en su biología, manifestadas a través del dolor de pierna.

El doctor John E. Sarno, antiguo profesor de medicina de rehabilitación y médico de cabecera en la Universidad de Nueva York, sostiene que el dolor físico, como el de espalda, «existe solo para distraer la atención [de la persona] de las emociones… No hay nada como un poquito de dolor físico para no pensar en los problemas emocionales». El doctor Sarno explica que se trata de un mecanismo de supervivencia del cuerpo porque nos resulta más fácil vivir con el dolor físico[8] que con el emocional.

En muchos casos, la causa del dolor físico no es en absoluto «física», sino *emocional.* Una vez que una persona acepta el hecho de que tiene emociones reprimidas, y aprende a expresarlas y replantearlas, dejarán de diagnosticarle erróneamente su dolor como una afección física. Sobre esto, Steven Ozanich escribió en *La gran farsa del dolor*[9]: «El dolor y otros síntomas crónicos son manifestaciones físicas de un conflicto interno no resuelto. Los síntomas salen a la superficie como un mecanismo instintivo de autosupervivencia. Son mensajes del yo interior que quiere ser escuchado, pero el ego toma el protagonismo y esconde la verdad entre las sombras de la mente inconsciente: el cuerpo».

Cuando cambias tu subconsciente, tu personalidad cambiará también. Tu personalidad no es más que un subproducto o reflejo de dónde te encuentras emocionalmente. Si mantienes tus emociones reprimidas, desarrollarás una personalidad para o bien sobrellevarlas, o bien evitarlas.[10]

El trauma no transformado (y la mentalidad fija que crea) atrofia tu imaginación. Tu yo futuro y tu propósito son entonces inexistentes o extremadamente limitados. Como resultado, te conviertes en una versión de ti mismo que es mucho menos de lo que podrías haber sido. Te empeñas en comportamientos y situaciones para producir emociones que adormezcan el dolor que estás reprimiendo.

Esto no es lo que quieres hacer. Esto no es lo que quieres ser. Piensa en ti mismo un momento:

> ¿Por qué te has convertido en quien eres?
>
> ¿Eres la persona en la que te has convertido por elección o por reacción a tus experiencias vitales?
>
> ¿Qué pasaría si te convirtieses en la persona que realmente quieres ser?
>
> ¿Qué pasaría si te permitieses sentirte bien más a menudo?
>
> ¿Qué pasaría si dejases de evitar tu dolor?

Practica el ayuno

> La mejor de las medicinas es el descanso y el ayuno.[11]
>
> —Benjamin Franklin

El ayuno de alimentos durante más de dieciocho horas es una de las maneras más poderosas de mejorar tu subconsciente. Dado que tu cuerpo físico es tu subconsciente, cuando te privas intencionadamente de comida, estás literalmente reiniciando el cuerpo, permitiéndole que descanse y se recupere en vez de digerir.

Se ha comprobado que ayunar disipa rápidamente el antojo de nicotina, alcohol, cafeína y otras drogas.[12] También aumenta los niveles de catecolaminas, como la dopamina, que aumenta tu felicidad y confianza mientras disminuye tu ansiedad.[13] Ayunar aumenta el número de células cerebrales.[14]

Ayunar puede incrementar la longevidad y la esperanza de vida.[15] Las investigaciones han descubierto que el declive relacionado con la edad en habilidades cognitivas y motoras[16] (como el equilibrio físico) puede reducirse con el ayuno. También reduce los factores de estrés cognitivo que provocan[17] el envejecimiento, el deterioro cognitivo y las enfermedades crónicas.

Otras investigaciones han descubierto que ayunar puede mejorar la calidad general del sueño.[18] También mejora la concentración, el aprendizaje, la memoria y la capacidad de comprensión de la información.[19] Una investigación en Yale ha descubierto que tener el estómago vacío ayuda a pensar[20] y concentrarse mejor. De ahí que muchas personas, como Malcom Gladwell, se salten a propósito el desayuno para poder concentrarse mejor en su trabajo creativo.[21]

Se han escrito muchos libros sobre los beneficios de ayunar. Sin embargo, en lo que respecta a la mejora de tu subconsciente, la cuestión es que ayunar puede aumentar la confianza, la flexibilidad emocional y el autocontrol. El ayuno es una forma de *práctica* física y emocional que te permite conectar con tu lado más profundo.

Personalmente, he estado practicando el ayuno de forma constante desde hace casi quince años. Por regla general, hago un ayuno en el que ni como ni bebo durante veinticuatro horas una o dos veces al mes. O en cualquier momento en que me sienta inspirado. Esta práctica no solo ha mejorado mi espiritualidad y mi capacidad de decisión, sino también mi claridad mental y mi concentración.

Practicar el ayuno con regularidad, si eres físicamente capaz, es una ayuda poderosa para clarificarte y convertirte en tu yo futuro. En estado de ayuno, puedes tener mayor claridad y conexión intuitiva. Puedes visualizar y decidir quién quieres ser. Si estás tratando de tomar alguna decisión importante, considera el ayuno para obtener claridad sobre dicha decisión. Desde una perspectiva más espiritual, el ayuno y la oración van de la mano.

Son eficaces a la hora de ayudarte a tener claro lo que estás intentando hacer, además de superar lo que te ha mantenido atascado.

Hay muchas maneras de ayunar. El ayuno de alimentos y bebidas calóricas durante dieciséis a veinticuatro horas es una gran práctica para sanar y conectarse mental y físicamente. El ayuno de tecnología, en particular de Internet, durante periodos de veinticuatro horas o más es también increíblemente poderoso para conectar contigo mismo y tener claridad.

Una vez a la semana, podrías tomarte un descanso de la comida y de Internet. Si lo hicieses, te sorprendería la claridad y confianza que ganarías. Ayunar con un propósito e intención específicos hace que la experiencia sea más poderosa. Hacer cualquier cosa intencionalmente hace que la actividad sea mejor y abre la posibilidad de tener experiencias cumbre. Puedo atestiguar que muchas veces, mientras ayunaba, he tenido las percepciones que necesitaba para tomar decisiones o hacer cambios clave en mi vida. Si no me hubiese dado espacio para alejarme de la comida y de Internet, no habría conseguido esa claridad. Mi vida no estaría donde está.

Donar dinero: hacer donaciones caritativas regularmente

> Tienes que sentir que mereces cosas buenas, o de lo contrario tu subconsciente podría sabotear todos tus mejores esfuerzos. Si no sientes realmente que mereces un gran éxito financiero, entonces estás luchando contra un obstáculo insuperable: tu subconsciente. Hacer donaciones regulares de tus ingresos a organizaciones benéficas es una excelente manera de persuadir, de una vez por todas, a tu subconsciente de que mereces lo que te espera. Así, no solo dejará de sabotearte, sino que empezará a asistirte activamente en tu búsqueda.[22]
>
> —Rabino Daniel Lapin

Investigaciones mediante imágenes por resonancia magnética funcional (IRMf) han mostrado que las donaciones caritativas están ligadas a sentimientos de felicidad.[23] Otras investigaciones apoyan la idea de que los comportamientos financieros altruistas, como regalar o proveer donaciones caritativas, están relacionados con la felicidad.[24] Las investigaciones han descubierto que la felicidad está relacionada con los resultados exitosos.[25] Por lo tanto, es obvio que merece la pena adoptar comportamientos que nos hagan sentir felices.

Aunque la felicidad está muy bien, donar dinero puede tener y tiene un impacto tangible y poderoso en tu subconsciente. Te envía una señal poderosa de que eres el tipo de persona que da a los demás. Regalar dinero es un comportamiento que mejora el subconsciente. Puedes y deberías usarlo como una herramienta para expandir tu identidad. Por ejemplo, aunque sea un ejemplo religioso, la historia de George Cannon pone de relieve cómo hacer donaciones caritativas puede transformar tu identidad y tu capacidad para amar.

George Cannon era cristiano. Como parte de su fe, se le animó a diezmar su sueldo, una noción que se repite a lo largo de la Biblia. Sin embargo, a pesar de ser un hombre joven y empobrecido, George enfocó el diezmo de una manera muy poco tradicional y mucho más transformadora.

En vez de pagar con carácter retroactivo, es decir, pagar el 10 % de lo que ganaba, decidió pagar el 10 % de lo que *pensaba ganar en el futuro*. Hablando de su historia en una charla, la doctora Wendy Watson Nelson, especialista en salud mental y terapeuta, explicó: «Cuando su obispo comentó la gran cantidad de diezmos que estaba pagando el joven y pobre George, este dijo algo así como: "Oh, obispo, no estoy pagando el diezmo de lo que gano. Estoy pagando el diezmo sobre lo que quiero ganar". ¡Y al año siguiente George ganó exactamente la suma de dinero que había pagado en diezmo el año anterior!».[26]

George no era transaccional en su enfoque del diezmo. Era *transformador*. No veía el diezmo como un coste, sino como una inversión en su futuro y en su relación con Dios.

El comportamiento de George era de mejora del subconsciente. Veía y actuaba como su yo futuro, no como su yo presente o anterior.

Estaba operando desde sus circunstancias futuras, como si ya fuesen reales, en vez de operar desde sus circunstancias actuales.

Su inversión financiera se convirtió en una función de fuerza. Se puso a sí mismo, financiera y psicológicamente, e incluso espiritualmente, en una posición en la que no solo se sentía inspirado, sino obligado a actuar con fe. Pagó el 10 % de lo que quería ganar. Cuando hizo esa inversión, rezó y actuó desde el punto de vista de alguien que ganaba diez veces lo que había invertido.

Como resultado, George se convirtió rápidamente en esa persona.

Escuché por primera vez esta historia en enero de 2017. Desde entonces, he aplicado las donaciones caritativas de una manera más proactiva. Mis ingresos han aumentado drásticamente. Pero más allá de un mero incremento de los ingresos, mi identidad y mi confianza han cambiado. Creo que tengo una mayor capacidad de aprender y crecer. Soy mucho más flexible. Tengo más confianza y fe en que las cosas saldrán a mi manera. Estoy más dispuesto a dar saltos valientes.

También aprovecho las oportunidades de ayudar a las personas que lo necesitan, cuando tiene sentido. Recientemente, estaba en un Uber y mi conductora era una madre de soltera de unos cincuenta años con cuatro hijos. Trabajaba más de sesenta horas a la semana tratando de llevar a sus hijos a la universidad. Ella misma quería terminar su carrera, pero estaba pagando varias facturas que la mantenían estancada. Decidí pagar una de las facturas, que costaba unos cuantos cientos de dólares. Para ella, esto significaba que podría retomar sus estudios un año antes de lo previsto.

Se le llenaron los ojos de lágrimas. Estaba incrédula. El impacto que tuvo mi regalo en ella me sorprendió. Me hizo sentir humilde e hizo que quisiese mejorar mi situación financiera para poder ayudar a más personas. Así, esta experiencia expandió mi subconsciente y mi yo futuro.

Tú también deberías aplicar el concepto de las donaciones caritativas como técnica para mejorar tu subconsciente. Cuanto más des, mayor será tu capacidad para dar. Como explican Mark Victor Hansen y Robert Allen: «El dar nos conecta con la dimensión espiritual que nos multiplica a nosotros mismos, nuestros pensamientos y nuestros resultados... Hay un océano de abundancia y uno puede acceder a él con una cucharita, un cubo o un camión de remolque. Al océano le da igual».[27]

Conclusión

Para convertirte en tu yo futuro, debes transformarte a nivel interno y subconsciente. No basta con desear y visualizar en raras ocasiones. Debes adoptar comportamientos y tener experiencias cumbre que cambien tu identidad y creen un nuevo sentido de «normalidad» para ti. El ayuno y las donaciones benéficas son solo dos de los muchos comportamientos que mejoran el subconsciente.

En lugar de definirte por tus comportamientos anteriores, puedes y debes definirte por tus comportamientos futuros. En lugar de definirte por las experiencias de tu pasado, puedes y debes definirte por las experiencias cumbre que crearás en el futuro, esas experiencias que te transformarán de quien eres a quien planeas ser.

CAPÍTULO 6

Rediseña tu entorno

Si cambiaba la situación ambiental, el destino de las células se alteraba. Habría empezado con mis mismos precursores musculares, pero en un entorno alterado habrían comenzado a formar células óseas. Si alteraba aún más las condiciones, esas células se convertirían en células adiposas o grasas. Los resultados de estos experimentos fueron muy interesantes porque, si bien cada una de las células era genéticamente idéntica, el destino de las células estaba controlado[1] por el entorno en el que las coloqué.

—Bruce Lipton, MD*

En 1979, la doctora Ellen Langer, psicóloga en Harvard, y un grupo de estudiantes de posgrado diseñaron el interior de un edificio para que reflejase el año 1959, es decir, veinte años atrás. Había una televisión en blanco y negro, muebles antiguos, y revistas y libros de los años cincuenta desperdigados. Este sería el hogar de un grupo de ocho hombres,[2] todos de entre setenta y ochenta años, durante los siguientes cinco días.

Cuando estos hombres llegaron al edificio para el estudio, se les dijo que no solo debían discutir sobre esa época pasada, sino *actuar* como si verdaderamente fuesen su yo anterior de veinte años antes.

«Tenemos buenas razones para creer que, si tienen éxito en esto, se sentirán como se sentían en 1959», les dijo Langer.

* Doctor en Medicina.

Desde ese momento, los sujetos del estudio fueron tratados como si tuvieran cincuenta años en vez de setenta. A pesar de que varios estaban encorvados y tenían que utilizar bastón para caminar, no se les ayudó a subir sus pertenencias por las escaleras.

«Suban una camisa en cada viaje si es necesario», les dijeron los asistentes de la investigación.

Se pasaron los días escuchando programas de radio, viendo películas y hablando de deportes y otros «acontecimientos actuales» de la época. No podían mencionar ningún acontecimiento ocurrido después de 1959, y se referían a sí mismos, a sus familias y sus carreras tal y como eran ese año.

El objetivo de este estudio no era que estos hombres viviesen en el pasado. El objetivo era provocar que sus mentes y sus cuerpos mostrasen la energía y las respuestas biológicas de personas mucho más jóvenes.

¿Qué ocurrió?

En resumen, estos hombres rejuvenecieron.

Literalmente, se hicieron más altos. Hubo una mejora notable en su oído, vista, memoria, destreza y apetito. Cogieron peso, lo que para ellos era algo bueno.

Aquellos que habían llegado con bastón y dependían de la ayuda de sus hijos se fueron del edificio por sus propios medios y llevando sus propias maletas.

Al esperar que estos hombres actuasen independientemente y al relacionarse con ellos como individuos y no como «personas ancianas», Langer y sus estudiantes les dieron «la oportunidad de verse a sí mismos de manera diferente», lo que les afectó biológicamente.

El contexto moldea los roles: los roles moldean la identidad y la biología

Cómo tratas a los demás influye en cómo se ven a sí mismos. Cómo se ven las personas a sí mismas influye en su mentalidad y en sus emociones, sí. Pero también influye en su biología. Esta verdad tiene implicaciones extremas. Adaptando una cita de Goethe: «La forma en que ves [a un niño] es la forma en la que lo tratas, y la forma en que lo tratas es [en lo que] se convertirá».

Como seres humanos, solemos adoptar por defecto los roles de nuestro entorno social. Se necesita una gran voluntad y determinación para no adoptar por defecto el papel social o cultural que se espera de nosotros.

Como hombres de setenta y ochenta años, probablemente no esperaban tener que cargar con sus maletas ellos mismos. Sus opiniones no habían importado durante muchos años. Posiblemente habían olvidado lo que se sentía al ser hombres más fuertes, jóvenes y seguros de sí mismos. Pero el hecho de sumergirse en un nuevo contexto y actuar en el papel de ese entorno les transformó.

Situarse en entornos nuevos, rodeado de gente nueva y asumiendo nuevos roles es una de las maneras más rápidas de cambiar tu personalidad, para mejor o para peor. Asume plenamente los roles que adoptas, y cambiarás de fuera para adentro.

A estas alturas, espero haberte convencido de que tu personalidad es dinámica y siempre cambiante, en gran medida en función de los papeles que desempeñas y las situaciones en las que te encuentras.

La palabra «personalidad» proviene del vocablo latino *persona*. En el mundo antiguo, una persona era la máscara que llevaba un actor en el teatro. También puede significar un personaje interpretado por un actor. Cuando te pones una máscara diferente o interpretas un personaje diferente, representas a una persona diferente. Como escribió Shakespeare: «Todo el mundo es un escenario, y hombres y mujeres son meros actores: tienen sus salidas y sus entradas; y un hombre en su vida puede representar muchos papeles».[3]

Piensa en esto durante un minuto: *¿Eres siempre la misma persona?*

Puede parecer una pregunta rara, porque internamente siempre te sientes tú, ¿verdad?

¿O no?

¿*Realmente* sientes que eres la misma persona en todas las situaciones y circunstancias? Por supuesto que no. En algunas situaciones puedes estar aburrido, torpe o tímido. En otras, estás en la cima del mundo. El «tú» que aparece es muy diferente dependiendo de la situación.

Si estuviesen robando en tu casa, serías diferente a si estuvieras sentado en un avión o en el trabajo o en un concierto de rock. Alrededor de ciertas personas, como antiguos amigos del colegio, puede que reflejes una versión más joven y menos madura de ti mismo. A veces eres más introvertido y otras veces más extravertido.

Pero aquí está lo interesante: a medida que una persona envejece, tiende a dejar de participar en nuevas situaciones, experiencias y entornos. En otras palabras, la personalidad se vuelve cada vez más consistente porque las personas dejan de situarse en nuevos contextos. De hecho, el filósofo y psicólogo William James creía que la personalidad básicamente estaba formada y fijada por completo a los treinta años, porque a partir de entonces la vida se suele volver muy rutinaria y predecible.

Aunque la cultura está cambiando rápidamente, sigue habiendo patrones similares. Cuando una persona llega a la treintena, deja de tener tantas «primeras» experiencias. En la infancia, en la adolescencia, e incluso en la veintena, hay muchas experiencias: el primer beso, la primera vez que se conduce, el primer trabajo, el primer gran fracaso, la primera mudanza a una nueva ciudad. Pero en algún momento nos «asentamos». Dejamos de implicarnos en nuevos roles y situaciones que sacan a relucir nuevas facetas diferentes de nosotros.

Dado que la vida de las personas se vuelve muy rutinaria, tanto en sus roles sociales como en sus entornos, se empiezan a ver comportamientos y actitudes muy predecibles. Esta es una de las razones principales por las que se considera la personalidad como algo estable y predecible a medida que pasa el tiempo. No es que tu personalidad en sí misma se vuelva estable, sino que tu entorno rutinario y los roles sociales te encierran en patrones habituales.

Según Lee Ross, psicólogo de Stanford: «Vemos la consistencia en la vida cotidiana debido al poder de la situación».[4] Ross explica además que, en última instancia, es la situación y no la persona la que determina cómo de consistente se muestra dicha persona. «Las personas son predecibles, es verdad... Pero son predecibles porque las vemos en situaciones en las que su comportamiento está limitado por la situación misma, el rol que asumen y la relación que tienen con nosotros».

> ¿Cuándo fue la última vez que hiciste algo por primera vez?
>
> ¿Cuándo fue la última vez que hiciste algo imprevisible?
>
> ¿Cuándo fue la última vez que te metiste en una nueva situación o en un nuevo rol?
>
> ¿Tienes ropa en tu armario que lleve ahí más de cinco años?

Las investigaciones sobre los cinco grandes factores de la personalidad —apertura, diligencia, extraversión, simpatía y neuroticismo— muestran que a medida que las personas envejecen, se vuelven cada vez menos abiertas a nuevas experiencias. Dejan de rodearse de nuevos tipos de personas. Dejan de participar en nuevos roles y entornos. Dejan de asumir nuevos retos. Dejan de experimentar nuevas emociones.

Las personas envejecen demasiado rápido.

Cuanto más psicológicamente rígida sea una persona, más se ve a sí misma, e incluso intenta ser, *la misma persona en toda situación en la que se encuentre*. Este enfoque estrecho es incapaz de reconocer que en situaciones diferentes[5] no solo hay que ser una persona diferente, sino que *no se puede evitar* ser una persona diferente.

Desde una perspectiva occidental, puede que esto no tenga mucho sentido. Los occidentales tendemos a ver el mundo desde el llamado punto de vista «atomista», el cual supone que algo (o alguien) puede ser entendido independientemente del contexto. Lo fundamental para esta perspectiva es aislar y abstraer las cosas de su contexto e intentar explicarlas por sus rasgos «innatos».

Esta visión atomista del mundo es la razón por la que, como cultura, nos obsesionamos con características individuales como «hábitos» y «trucos». Es también la razón por la que vemos la personalidad como algo fijo e inmutable, y por la que amamos nuestras pruebas de personalidad.

Una perspectiva más precisa y científica sería la de ver el mundo «relacionalmente». Desde una *visión relacional del mundo*,[6] nada puede entenderse fuera de su contexto. De hecho, es el contexto o la «relación entre» lo que *determina el significado* de la cosa.

Si perdieses a una persona a la que amas, no solo perderías a esa persona, sino también *a la persona que eras con ella*. Una pérdida también significa una pérdida de ti mismo. Y a la inversa, conocer a nuevas personas o entablar nuevas relaciones lleva a la creación de un nuevo yo.

La relación entre mi mujer, Lauren, y yo hace que cada uno de nosotros sea quien es. Quien es Lauren, desde mi perspectiva, es muy diferente de quien es desde la perspectiva de otra persona. Si cambias el contexto de Lauren, cambias a Lauren.

Del mismo modo, tú como persona solo puedes ser entendida en tu contexto. Si hubieses crecido en otra época y en otro lugar, *serías una persona distinta*. Tendrías recuerdos, conexiones y creencias distintas. Si hubiese vivido hace dos mil años en una cultura distinta, no serías adicto a tu teléfono móvil. Tendrías intereses diferentes en cuanto a ropa, gente, entretenimiento y objetivos.

Innegablemente, tu personalidad está formada por lo que te rodea. La cultura es a menudo ignorada porque parece invisible, pero da forma a la identidad, al comportamiento, a las relaciones y a la personalidad. Si te encuentras en entornos consistentes y con roles sociales consistentes, tu personalidad se mostrará estable y consistente con el tiempo.

Por ejemplo, hay una gran cantidad de investigaciones que demuestran que tu grupo de iguales influencia poderosamente tu comportamiento[7] y tus elecciones. Concretamente, muestran que los grupos paritarios y sociales influyen en:

- El rendimiento académico.
- La elección de la universidad y la carrera.
- El grado de productividad en el trabajo.
- Si haces o no trampas en el colegio y en otros ámbitos de la vida.
- Si eres propenso a hacer actividades extracurriculares e ir más allá del deber.
- Si participas en comportamientos de riesgo como fumar, consumir drogas nocivas y beber alcohol.
- La probabilidad de que tengas comportamientos delictivos.
- Las decisiones financieras que tomas y, en ultima instancia, lo bien que te vaya económicamente.
- Tus posibilidades de convertirte en empresario.

Tus grupos sociales y paritarios dan forma a tu identidad, cómo te ves a ti mismo y en quién te conviertes. Adoptas comportamientos que coinciden con la cultura de tu grupo. Llegas a desarrollar un papel y una identidad dentro de los grupos de iguales. Dichos grupos conforman las elecciones que tomas, los objetivos que te propones y lo bien que te va en la vida.

Cuando Lauren y yo estábamos saliendo, pasamos un tiempo con un grupo concreto de antiguos amigos míos del instituto. Ella vio una parte de mí que no sabía que existía y que francamente no le gustó. Créeme cuando digo que Lauren y yo nunca habríamos sido amigos en el instituto, y mucho menos novios.

Con mis antiguos amigos, inmediatamente volví a adoptar el papel, la identidad, el comportamiento e incluso los patrones de lenguaje que mostraba en el instituto. Lauren me vio pasar del Ben con el que había estado saliendo al Ben del instituto en un instante. Y todo debido a un rápido cambio de contexto y de rol.

Cuando volvíamos a casa esa noche, Lauren me dijo que no le gustaba el Ben que había visto. Estaba estupefacta. Se hizo extremadamente obvio a ambos que mi yo de entonces y el yo anterior eran dos personas completamente diferentes, pero que el anterior podía volver rápidamente si el rol o el contexto lo facilitaban. Le hice saber que estaba comprometido con mi futuro, no con mi pasado.

Entonces, no es sorprendente que las investigaciones hayan descubierto que la puntuación obtenida en una prueba de personalidad está muy influida por factores situacionales. En diferentes culturas, el modelo de personalidad de los Cinco Grandes ni siquiera funciona de la misma manera que en la cultura occidental y estadounidense donde se desarrolló. Las personas de distintas culturas ven la personalidad de manera diferente,[8] y por tanto responden de manera diferente a la prueba.

Es más, las investigaciones han demostrado que las condiciones específicas en las que se realiza la prueba de personalidad también dictan el resultado de la prueba. En un estudio, se entregó a los participantes la misma prueba de personalidad en dos momentos distintos. A la mitad de los participantes les hizo la prueba la misma persona ambas veces, mientras que a la otra mitad se la hicieron dos encargados distintos. Según el doctor Christopher Soto, uno de los psicólogos que dirigió el estudio: «Lo más sorprendente para mí fue que si a alguien le entrevistaba dos veces el mismo entrevistador, sus respuestas en ambas pruebas eran bastante consistentes...[9] Pero si eran entrevistados por dos entrevistadores distintos, sus respuestas a menudo no guardaban ninguna relación entre sí».

Uno se ve a sí mismo diferente y actúa de forma diferente en función de lo que le rodea.

El propósito de este capítulo es ayudarte a ser más estratégico con tu entorno. Hasta que no te vuelvas intencional y serio sobre tu contexto, nunca serás capaz de convertirte en quien quieres ser.

Aunque es común que las personas sean el mero producto de su entorno, tienes que aprender a hacer que tu entorno se ajuste a tus resultados deseados. Cuando lo hagas, tu personalidad hará orgánicamente lo mismo.

En concreto, este capítulo te enseñará tres estrategias fundamentales de diseño del entorno:

1. El recuerdo estratégico.
2. La ignorancia estratégica.
3. Las funciones de fuerza.

El recuerdo estratégico

Consideremos la historia apócrifa del artista estadounidense James Abbott McNeill Whistler, que una vez pintó un ramillete de rosas. Fue admirado por muchos otros pintores y coleccionistas de la época. Otros pintores que vieron la obra se inspiraron en ella y la envidiaron. Parecía que había sido tocado por la mano de Dios en la creación del cuadro.

Los coleccionistas anhelaban comprar el cuadro. Pero Whistler se negó a vender su mejor obra. En lugar de eso, la mantenía a su lado a todas horas como *recordatorio continuo* de lo que era posible para él. Como declaró en una ocasión:

> Siempre que siento que mi mano ha perdido su astucia, siempre que dudo mi habilidad, miro el pequeño cuadro del ramillete de rosas y me digo a mí mismo: «Whistler, tú has pintado eso. Fue tu mano la que lo dibujó. Fue tu imaginación la que concibió los colores. Fue tu habilidad la que puso las rosas en el lienzo». Sé que lo que he hecho lo puedo volver a hacer.[10]

Whistler fue estratégico con su entorno. Fue estratégico en cuanto a lo que quería sentir y recordar. Esa obra de arte situada cerca de su escritorio de trabajo le sirvió como recordatorio continuo del tipo de trabajo que quería hacer. Le inspiró a verse a sí mismo desde una perspectiva distinta. Le levantaba el ánimo cuando se sentía deprimido o frustrado.

Como Whistler, tienes que ser estratégico con lo que recuerdas. Necesitas un entorno que te haga recordar tu yo futuro. Si tu entorno no te trae continuamente a la mente tu yo futuro, entonces está activando un yo distinto.

A pesar de que a veces recordamos nuestras experiencias más traumáticas durante años o décadas, en su mayor parte los seres humanos somos *increíblemente olvidadizos*. Podemos olvidarnos de dónde hemos aparcado el coche. Podemos olvidar que habíamos prometido a nuestro hijo que le llevaríamos a comprar dónuts por la mañana.

Podemos olvidar lo que realmente queremos en nuestras vidas. La vida se vuelve muy ajetreada y a veces la rutina de estar al día con las facturas puede apoderarse de ti. Como escribió Meredith Willson en el éxito de Broadway *The Music Man*: «Apila suficientes mañanas y descubrirás que no te queda nada salvo muchos ayeres vacíos».[11]

James Whistler no fue el único en diseñar su entorno para recordar estratégicamente. El autor y *podcaster* Tim Ferriss tiene en su estantería una copia del libro *The Magic of Thinking Big* orientada hacia fuera. Tim leyó ese libro en un momento formativo y le cambió la vida. Por consiguiente, el libro le sirve ahora como desencadenante para pensar y «actuar» a lo grande. Solo tiene que mirar la portada y experimenta un cambio inmediato de mentalidad, emoción e identidad.

También se puede utilizar un recuerdo para advertir o recordar lo importante. El autor Ryan Holiday tiene una moneda que guarda en el bolsillo en la que dice *Memento Mori*, traducido como «Recuerda la muerte». Holiday guarda esta moneda consigo para desencadenar sentimientos de su propia mortalidad, que le mantienen centrado en sus prioridades en vez de distraerse.

Para recordar estratégicamente y vivir la identidad que más quiero, hice crear recientemente un «Muro Cultural» por la empresa de diseño cultural Gapingvoid. Un Muro Cultural es una colección de doce o más de tus creencias o aspiraciones más importantes que después se ilustran como obras de arte individuales instaladas en la pared en formato de cuadrícula. Los Muros Culturales son símbolos inmersivos que se convierten en «santuarios de ideas».

Mi Muro Cultural, que instalé en casa, exhibe muchos de mis más altos ideales, que quiero que no solo yo, sino también mis hijos recuerden continuamente. Es divertido ver a los niños repetir las frases del Muro Cultural, que ven varias veces al día en casa. Les oigo decir cosas como:

> «Haz lo correcto, deja que las consecuencias vengan después».
> «Mejor prolífico que perfecto».
> «Construyes o rompes tu vida antes de las ocho de la mañana».
> «El 100 % es más fácil que el 98 %».
> «Espera todo y no te apegues a nada».
> «La medida de la inteligencia es la capacidad de cambiar».
> «Asume el sentimiento de tu deseo cumplido».
> «No se puede ser libre sin incertidumbre».
> «Lo que te trajo aquí no te llevará allí».
> «Nunca seas algo que ya fuiste».
> «Abraza tu futuro para cambiar tu pasado».
> «La gratitud cambia las cosas».
> «La buena madera no crece con facilidad».
> «No pasa nada hasta que se queman los barcos».

Estas son las creencias que quiero inculcar a mis hijos y a mí mismo. Cada vez que paso al lado de mi Muro Cultural, mientras subo las escaleras, miro las imágenes y me acuerdo de la persona que quiero ser, y que a veces puedo olvidar ser en el ajetreo de la vida.

Tu entorno debería estar repleto de recuerdos estratégicos de quién quieres ser, ayudándote a convertirte en tu yo futuro deseado.

Para Whistler, el cuadro de sus rosas era más que un simple cuadro de rosas. Para él, se convirtió en un símbolo de profundo significado y trascendencia. Podía mirar ese cuadro y su identidad y emociones cambiaban inmediatamente. Podía pasar de no tener confianza a activarse y ser capaz. En un abrir y cerrar de ojos, sentía el poder de su futuro y sus objetivos. Sus emociones cambiaban y podía crear arte desde una identidad fortalecida.

Ese es el poder del recuerdo estratégico.

Si vas a crear una vida creciente y llena de significado, necesitas diseñar de manera proactiva tu entorno con *desencadenantes transformadores.* Esto es lo opuesto a cómo están diseñados la mayoría de los entornos. La mayoría de los entornos están repletos de desencadenantes negativos que crean emociones indeseables e irresueltas.

Tú, en cambio, quieres crear desencadenantes que te lleven hacia tu yo futuro, no a tu yo pasado. Piénsalo: has diseñado estratégicamente tu entorno para que te recuerde tu futuro. Recordar no tiene por qué referirse únicamente al pasado.

Abre los ojos y observa el entorno que has creado a tu alrededor. ¿Todavía conservas carteles de conciertos de la universidad? ¿Activan la mentalidad y comportamiento de tu yo futuro las obras de arte, fotos y otros símbolos que exhibes? ¿Tu entorno te hace avanzar o retroceder?

Si realmente te vas a convertir en tu yo futuro, necesitas un entorno que te recuerde ese yo futuro, no tu antiguo yo. Los objetivos no se convierten en realidades sin recordatorios constantes. Por eso la gente escribe sus objetivos cada día. Necesitan recordar adónde van, al igual que un avión necesita actualizar constantemente su trayectoria cuando se desvía de su curso.

> ¿Qué desencadenantes transformadores puedes instalar a tu alrededor?
>
> ¿Dónde pondrías esos recordatorios estratégicos?

No lo hagas demasiado complicado. Por ejemplo, podrías poner una nota adhesiva en el volante de tu coche, o en el espejo del baño, para que te recuerde algo que no quieras olvidar. Algo así como: «Dile a tu mujer que la quieres».

Cambia tu contraseña del ordenador por una frase que utilizaría tu yo futuro.

Mueve el televisor para que deje de ser la pieza central de tu casa. Mejor aún, deshazte de él y reemplázalo por algo mejor.

Elimina todas las aplicaciones de redes sociales de tu teléfono.

Mira en tu armario y deshazte de todo lo que tu yo futuro no utilizaría.

Podrías llenar todo tu entorno con recordatorios de tus mayores aspiraciones y objetivos. Y deberías hacerlo.

La ignorancia estratégica

> Tu insumo determina tu perspectiva. Tu perspectiva determina tu resultado y tu resultado determina tu futuro.[12]
>
> —Zig Ziglar

Hay mucha basura en el mundo. La mayor parte de Internet es una distracción de nivel bajo o porquería que simplemente no necesitas ni quieres conocer.

La mayoría de las películas son inútiles.

La mayoría de las noticias son irrelevantes para tu situación.

La mayoría de las personas no están alineadas con tu yo futuro.

Aparentemente, hay infinitas opciones en el mundo actual. El aumento de opciones conlleva un aumento de *elecciones*. Esto puede parecer algo bueno, pero para la mayoría de las personas no lo es. Más elecciones significan más decisiones y, como comentamos antes, la fatiga decisoria puede llevarte a quedar atrapado en ciclos negativos. Muchas de las elecciones que te encuentras diariamente son interminables entradas a madrigueras que no llevan a ninguna parte. En lugar de dejar la puerta abierta a más opciones, necesitas el discernimiento y la confianza para cerrar la mayoría de las puertas y no tener que ser consciente de ellas.

¿Esto me aporta o me quita algo de mi yo futuro?

Es demasiado costoso para tu mente estar enfocada en las cosas equivocadas, una vez que te tomas en serio el éxito y el cambio. En su libro *La paradoja de la elección*, el psicólogo Barry Schwartz explica lo siguiente:[13]

- Asumimos que más elecciones significan mejores opciones y mayor satisfacción.
- Sin embargo, la sobrecarga de elecciones hace que te cuestiones las decisiones que has tomado incluso antes de tomarlas.
- La sobrecarga de elecciones te deja en un estado perpetuo de FOMO —del inglés, *Fear Of Missing Out* ('miedo a perderse algo', en español)—, siempre mirando por encima del hombro y cuestionando las decisiones que has tomado.
- Esto te coloca en un estado constante de estrés, sintiéndote siempre como si te quedases corto, cuestionando siempre las decisiones que has tomado, preguntándote siempre qué podría haber sido.

Tener opciones es algo bueno. Sin opciones, no puedes tomar decisiones. Sin embargo, los mejores tomadores de decisiones del mundo evitan a propósito casi todas las opciones disponibles. Jason Fried, el fundador de Basecamp, dijo una vez: «Soy bastante ajeno a muchas cosas intencionadamente.[14] No quiero que me influyan tanto».

Se necesita confianza y audacia para decir: «Voy a tomar esta decisión. Esto es a lo que me he comprometido. Esto es lo que me tomo en serio. En consecuencia, cierro la puerta a todo lo demás ahora mismo. Necesito centrarme. No puedo distraerme con el ruido y la agenda de los demás».

Si te tomas en serio lo de lograr los objetivos y avanzar intencionadamente en tu vida, debes crear un entorno que te proteja de la mayor parte del mundo.

La ignorancia estratégica no consiste en ser cerrado de mente. Consiste en saber qué quieres y en saber que, como persona, puedes ser fácilmente influenciado o desviado. En vez de ponerte en situaciones estúpidas y verte obligado a depender de tu fuerza de voluntad por falta de planificación, simplemente evita las situaciones estúpidas. Evita incluso situaciones increíbles que sabes que, en última instancia, son una distracción para convertirte en tu yo futuro deseado.

Crea límites.

Vive tus prioridades, valores y sueños.

Peter Diamandis, uno de los mayores expertos del mundo en emprendimiento y el futuro de la innovación, dijo: «He dejado de ver las noticias de la televisión.[15] No podrían pagarme suficiente dinero». Desde su perspectiva, es fácil ser seducido por lo negativo y lo nuevo.

Diamandis tiene razón. Las noticias no son objetivas, sino un punto de vista basado en la atención selectiva. Cuando ves las noticias, ves una historia, una opinión subjetiva del mundo. Puedes elegir creerte esa historia, pero si lo haces, tu identidad y tus objetivos estarán limitados por dicha opinión.

Diamandis es estratégicamente ignorante. Ha creado un entorno para protegerse a sí mismo de las distracciones y la negatividad de los medios de comunicación, al tiempo que se mantiene informado sobre los temas que le interesan mediante una investigación cuidadosa y deliberada.

Ser una persona creativa y de éxito requiere una ignorancia selectiva. Otro ejemplo es Seth Godin, que deliberadamente no lee los comentarios sobre sus libros en Amazon. Lo solía hacer, pero solo le hacía sentirse fatal y que se cuestionase a sí mismo. Así que ahora ha dejado de hacerlo.

Godin es selectivamente ignorante a lo que dicen los *trolls*, y está mejor así. No necesita que esa basura entre en su psique, confundiendo su identidad y su propósito.

La ignorancia selectiva no es evitar el aprendizaje. No es evitar la retroalimentación. Es simplemente la inteligencia de saber que, con ciertas cosas y personas, no merece la pena el esfuerzo. Es saber qué evitar.

Sin duda, Godin recibe comentarios sobre su trabajo. Pero los recibe de fuentes valiosas que le ayudan a mejorar su trabajo. Recibe comentarios que, en última instancia, le ayudarán a avanzar, no los que pretenden destruirle.

Claramente, Diamandis está al tanto de la actualidad y de lo que sucede en el mundo. Es esencial para el trabajo que lleva a cabo como futurista y como alguien que intenta propiciar un cambio global. Pero obtiene su información de fuentes de valor. Ha diseñado un entorno en el que solo le llega la mejor información. Ignora estratégicamente todo lo demás.

La ignorancia selectiva es algo que debes aplicar si te tomas en serio lo de convertirte en tu yo futuro. La información que recibes conforma tu identidad, tu biología y tu personalidad. Cuando cambias tu insumo, todas ellas cambian.

Psicológicamente, si no sabes nada de algo, probablemente no te sentirás tentado por ello. Si ves un plato de galletas en la encimera, ya no las ignoras. Si no has tomado la decisión de antemano, la situación te vencerá. Si, por el contrario, simplemente mantienes las galletas fuera de tu entorno, entonces no tendrás que lidiar con la fatiga decisoria ni con el agotamiento de la fuerza de voluntad. No tendrás que perder el tiempo pensando en algo que ya sabes que no quieres.

En lo que respecta a las oportunidades, es inteligente disponer de sistemas para no tener que sopesar cada decisión. Por ejemplo, mi asistente y yo creamos reglas para las oportunidades que le ofrecen. Si no cumplen mis criterios, no me las presenta, sino que responde amablemente al remitente diciéndole que no puedo centrarme en eso ahora mismo.

Por supuesto, como los niños empobrecidos en el restaurante de Charlie Trotter, quieres exponerte a formas de vida nuevas y más elevadas. El crecimiento y la transformación requieren tomar conciencia de cosas de las que actualmente no eres consciente. La ignorancia estratégica consiste en ignorar o protegerte a propósito de lo que ya sabes que es una distracción o un enemigo para tu yo futuro. Es tu filtro para asegurarte de que solo te llegan las novedades adecuadas. Y este filtro nunca será perfecto, pero tus sistemas, al igual que tu propia intuición, mejoran y se vuelven más rápidos a la hora de ignorar distracciones.

Para crear un entorno que te proteja de las distracciones de este mundo, tienes que saber qué es lo que quieres. Tienes que saber lo que defiendes. Necesitas tener reglas y sistemas que impidan que te encuentres atrapado en el fango o en el aturdimiento de infinitas oportunidades.

Tienes que tomar una decisión que haga que un millón de otras decisiones sean más fáciles, automáticas o irrelevantes. Es así como se elimina la fatiga decisoria. Es así como te proteges de la avalancha de aportaciones y agendas que buscan tu tiempo y atención.

Si te tomas en serio lo de convertirte en tu yo futuro, tendrás que crear un entorno para la ignorancia estratégica. Piensa en todas las aportaciones que recibes actualmente y que están saboteando tu yo futuro.

En vez de confiar en la fuerza de voluntad, ¿cómo podrías ignorar estas cosas?

¿En qué áreas de tu vida necesitas aplicar la ignorancia estratégica?

¿Qué decisiones sencillas podrías tomar ahora mismo para eliminar la fatiga decisoria en tu vida?

¿Sobre qué estás demasiado al tanto o informado actualmente y no deberías estarlo? (piensa en distracciones —en mi caso, los análisis deportivos o las novedades sobre diferentes celebridades—).

¿Qué distracciones o tentaciones indeseadas permanecen en tu mundo que deben ser eliminadas?

Las funciones de fuerza

> La capacidad del hombre medio podría duplicarse si se exigiera. Si la situación lo exigiera.[16]
>
> —Will Durant

Christina Tosi nació en Ohio y creció en Sprinfield, en Virginia. Se licenció en la universidad con un grado en matemáticas, pero no estaba segura de si eso era lo que quería hacer. Su madre le había enseñado a entregarse en cuerpo y alma a todo lo que hiciera, así que decidió entregarse en cuerpo y alma a la repostería.

Tosi se mudó a Nueva York y se matriculó en un programa de artes pasteleras en el Instituto Culinario Francés. Empezó su carrera culinaria en el restaurante de lujo Bouley, y luego pasó al restaurante wd~50 en Manhattan, dirigido por el famoso chef Wylie Dufresne.

Impresionado por la ética de trabajo de Tosi, Dufresne recomendó a David Chang, otro chef famoso de Nueva York, que la contratara. Chang no la contrató para cocinar u hornear, sino para redactar sus planes de seguridad alimentaria y ayudarle a cumplir con los requisitos administrativos del Departamento de Salud de Nueva York.

Tosi empezó a llevar sus pasteles caseros al restaurante y a compartirlos con el personal. Todos quedaron maravillados, incluido Chang. En el menú de Chang no había postres, y a él le encantaba el estilo de Tosi. Le insistió en varias ocasiones para servir uno de sus postres en el restaurante. Pero ella era tímida y vergonzosa y no creía en sí misma.

Aun así, siguió haciendo postres cada vez más singulares, ingeniosos y deliciosos para el personal del restaurante. Comprendiendo que ella nunca lo haría por propia iniciativa, un día Chang le dijo que tenía tres horas para crear algo. Y que, fuera lo que fuera lo que crease, iba a servirse esa noche.

Hablaba en serio. En sus propias palabras: «Tuve que empujarla por un precipicio. No quería hacerlo ella misma».

Tosi se pasó las siguientes tres horas creando una brillante tarta de fresas. Los comensales del restaurante se sorprendieron no solo de tener un postre, sino algo realmente único y fabuloso.

A partir de ese momento, Tosi se dedicó a hacer pasteles en el Momofuku Ssäm Bar. Unos años más tarde, en 2008, el local contiguo al Momofuku Ssäm Bar quedó disponible. A esas alturas, Chang y otros podían ver que Tosi tenía una pasión, una ética de trabajo y un talento extremos.

Chang vio también que necesitaba un empujón. Si se la dejaba a su suerte, no daría el salto para vivir sus sueños. Volvió a empujarla «por el precipicio», desafiándola a que abriese su propia tienda, que ella llamó Milk Bar. La pastelería fue un éxito inmediato. En 2019, Milk Bar empleaba a 381 personas en todo Estados Unidos, y Tosi había abierto su decimosexto Milk Bar en Boston.[17]

Nada de esto habría ocurrido si David Chang no la hubiese forzado a seguir su sueño. El hecho de que Chang diera tres horas a Tosi para crear algo fue una *función de fuerza*: creó una situación que la forzó a levantarse.

Una función de fuerza es cualquier elemento situacional que te fuerza a actuar y producir un resultado. Las funciones de fuerza te ponen en una situación en la que la única opción es la deseada. Has diseñado la situación para que te fuerce[18] en la dirección que quieres.

Eso es lo que le pasó a Tosi. En el fondo, ella quería hacer pasteles para más personas. Chang diseñó una situación que la obligó a hacerlo.

Las funciones de fuerza se aplican para eliminar tu antiguo yo o las distracciones tan frecuentes en la vida. Estás creando una situación que le conviene a tu yo futuro, forzándote a aparecer como esa persona aquí y ahora.

Implementar funciones de fuerza en tu vida garantiza que te muevas constantemente en la dirección deseada, a menudo contra tu propia resistencia. Las funciones de fuerza requieren restricciones de tiempo, que activan la ley de Parkinson. Esta ley dicta que el trabajo se expande para llenar el tiempo disponible para su realización. Te das una fecha y te ves obligado a que se te ocurra algo en ese plazo. De lo contrario, no se hace nada.

Incorporar las funciones de fuerza en tu vida se hace creando bucles de retroalimentación más rápidos que también son de alto riesgo. Quieres que las apuestas para la presentación sean altas, si no, la función de fuerza no es lo suficientemente poderosa. Para Tosi, su orgullo estaba en juego, al igual que la reputación del restaurante. No solo tuvo que rendir para sí misma, sino para todo el equipo y los promotores.

En los deportes extremos, como el *motocross* o el *snowboard*, el peligro inherente y la inmediatez de las críticas son funciones de fuerza poderosas. Si un piloto de *motocross* que da volteretas a más de veinte metros no tiene éxito, el fracaso podría costarle la vida. Las funciones de fuerza requieren el nivel más alto de concentración y compromiso: el objetivo es el flujo psicológico[19] y el alto rendimiento.

Las situaciones de tu vida deberían estar diseñadas y concebidas de tal manera que estés completamente absorto en lo que estás haciendo. Quieres que se te requiera producir tu mejor trabajo, porque si no lo haces, las consecuencias serán costosas.

¿Vas en serio respecto a hacer los cambios que quieres?

¿Estás dispuesto a introducir situaciones de fuerza en juego?

Las funciones de fuerza son serias, pero también pueden ser divertidas. En realidad, son una manera de convertir tu vida en un juego y mejorar radicalmente tu motivación para tener éxito.

Una de las funciones de fuerza más poderosas y útiles es la inversión financiera. Al invertir dinero en algo, te comprometes más. Los economistas conductuales lo llaman el «sesgo del coste hundido». Te comprometes con aquello en lo que has invertido. Normalmente esto se describe como una falacia o un error de razonamiento que hace que tires el dinero bueno tras el malo, o que pierdas el tiempo sentado viendo un espectáculo que odias solo porque has pagado la entrada.

Pero también puedes usar esta tendencia a tu favor. Por ejemplo, mi amigo Draye y yo pagamos más de ochocientos dólares para inscribirnos en un triatlón Ironman. Nunca había hecho algo así en mi vida. Pero queríamos hacer una locura y sabíamos que la única manera de tomárnoslo en serio era pagando para inscribirnos en la carrera.

Así que hicimos de tripas corazón.

Creamos una situación de fuerza.

Sin embargo, esto es lo sorprendente. Invertir no solo es el inicio de una decisión, es también el inicio de una *imaginación mejorada*. Antes de inscribirme al Ironman, solo había considerado pasivamente tal cosa. Algunos de mis amigos habían hecho uno, y yo tenía curiosidad, pero no iba en serio.

Pero una vez que hicimos la inversión, *empecé a pensar mucho sobre el Ironman*. Empecé a verme a mí mismo, en mi cabeza, participando en el Ironman, practicándolo y completándolo. Me veía a mí mismo como alguien que *podía* acabar un Ironman.

La inversión inicial empezó a dar forma a mis comportamientos posteriores. Compré audiolibros sobre deportes de resistencia y empecé a escucharlos, alimentando mi insumo con nuevas ideas. Saqué mi bicicleta de carretera, que no había desempolvado en más de seis años.

Pensaba más y más en el Ironman. Mi imaginación y mi comportamiento empezaron a moldear mi identidad. Mi comportamiento y otras aportaciones estaban alimentando mi nueva identidad. Cambié mi enfoque en el gimnasio y pasé de las pesas al cardio.

Todo empezó con una función de fuerza.

> ¿Cómo puedes incorporar más funciones de fuerza en tu vida para asegurarte de que te conviertes en la persona que quieres ser?
>
> ¿Qué situaciones podrías crear que produjeran resultados poderosos?

Conclusión

> Si no creamos ni controlamos nuestro entorno, nuestro entorno nos crea y nos controla a nosotros.[20]
>
> —Marshall Goldsmith

El entorno está entre las palancas de la personalidad más poderosas e importantes. Si te tomas seriamente lo de cambiarte a ti mismo y tu vida, tienes que cambiar tu entorno.

Eres el producto de tu cultura y de tu contexto. Eres el producto de la información y de las aportaciones que recibes. Todo lo que *entra* —comida, información, personas, experiencias— te da forma.

El primer paso es ser consciente de tu contexto y de cómo influye en lo que eres. El siguiente paso es ser estratégico con tu entorno y tu situación.

En vez de que tu entorno y tus circunstancias reflejen tu identidad, quieres diseñar tu entorno para que refleje tu identidad futura. Quieres que tu entorno sea como una corriente que te empuje hacia delante, no que te contenga.

Cuando cambies tu entorno, conforme avance el tiempo, todo en ti cambiará. Empezarás a tener nuevas experiencias. Tendrás nuevos pensamientos y emociones. Estarás rodeado de gente nueva. Adoptarás nuevos comportamientos.

Tu identidad y tu personalidad cambiarán.

Puedes elegir el tipo de personalidad que vas a tener. No es algo con lo que estés atado. No es algo que debas tener, incluso si nunca has elegido nada de lo contrario.[21]

—Dr. Wayne Dyer

CONCLUSIÓN

Acepta tu futuro para cambiar tu pasado

La vida es simple. Todo pasa para ti, no a ti.

—Byron Katie[1]

El 19 de mayo de 2000, Melissa Hull estaba en su casa en Yuma, Arizona. Su marido estaba en Phoenix, por trabajo, unos días. Melissa estaba agotada. Su hijo de tres años, Devin, estaba muy enfermo y le costaba dormir. Melissa intentó llamar a su marido varias veces para que le ayudase con Devin, pero no conseguía contactar con él.

Alrededor de las cinco de la mañana, Drew, el hijo de cuatro años de Melissa, estaba listo para despertarse. Melissa le ayudó a desayunar, le puso a ver *Thomas y sus amigos*, y a jugar con ceras. Luego fue a ver cómo seguía Devin, y se durmió de nuevo tumbada junto a él. Se quedó dormida desde las 5:30 hasta las 7:30 de la mañana.

Cuando se despertó, tenía una horrible sensación en el estómago que le decía que algo no iba bien. La casa estaba en silencio. Drew normalmente hacía ruido. Melissa se pasó los siguientes quince minutos buscando a Drew por toda la casa. Se dio cuenta de que la puerta corredera de cristal estaba abierta unos centímetros y comprendió que había salido.

Buscó a través de los árboles de la propiedad y vio las pisadas de Drew en los caminos polvorientos que rodeaban su casa rural. Siguió las pisadas en la tierra, que le guiaron a un canal de riego cerca de la casa. Pudo ver que el dique de tierra había colapsado bajo el pie de Drew y las salpicaduras recientes en ambos lados del canal por su caída.

Empezó a gritar pidiendo ayuda. Un agente de la Patrulla Fronteriza la encontró poco después y empezó la búsqueda. Más de siete horas después, encontraron el cuerpo de Drew, a unos doce kilómetros de su casa.

Durante esas siete horas, Melissa fue interrogada una y otra vez por la policía, por su marido, por otros miembros de la familia. *¿Qué ha pasado?*, querían saber.

Una vez que encontraron a Drew, le siguieron haciendo preguntas, pero sonaban distintas.

¿Cómo has podido dejar que esto pasase?

Su marido la culpó por la muerte de su hijo y la dejó un mes después. Todo el mundo de Melissa se corroyó. Su identidad se tambaleó. Ya no se sentía una buena madre. Se odiaba a sí misma. Se culpaba por la muerte de Drew. Sentía que lo había perdido todo: a su hijo, a su marido, a sí misma.

Había más que tocado fondo.

El dolor era tan fuerte que apenas podía levantarse de la cama. Dejó de comer y de ducharse. Hacía lo que podía para ayudar a Devin durante el día, pero aparte de eso, se quedaba en la cama.

Por las tardes, después del trabajo, Joey, el marido de Melissa, recogía a Devin para pasar unas horas con él para luego dejarle de nuevo en casa de Melissa para que durmiese ahí. Durante esas pocas horas de soledad, Melissa solía beber o tomar pastillas para el dolor. Eran momentos muy oscuros y dolorosos, en los que las cosas dolían más.

Pocas semanas después del accidente, la vida volvió a la normalidad para la mayoría de las personas que formaban parte de la vida de Melissa. Pero ella seguía librando una batalla silenciosa. Aquellos que se preocupaban por ella veían que le estaba costando, pero no sabían cómo ayudarla. Terminaron por evitarla. Melissa acudió a clérigos y terapeutas para intentar conseguir ayuda, pero nada funcionaba realmente.

Unos meses después de la muerte de Drew, Joey se llevó a Devin después del trabajo y por primera vez no lo llevó de vuelta. Melissa pasaría toda la noche sola en casa. Planeó suicidarse.

Había guardado un frasco de pastillas para el dolor que le habían recetado. Iba a tomarse las pastillas, beber mucho alcohol, irse a la cama y no despertarse nunca. Sentía que suicidarse era lo mejor que podía hacer por Devin, para que no tuviese que ver la sombra de la que fue su madre descomponerse completamente.

Cuando fue a la cocina a por las pastillas y el alcohol, vio una pila de cartas de condolencias en la encimera. En los últimos meses, había recibido muchas cartas de desconocidos que habían oído su historia en las noticias. Abrió una de las cartas, escrita por una desconocida llamada Theresa.

En la carta, Theresa contaba a Melissa que su hija de seis años había sido atropellada por un camión. El accidente ocurrió cuando Theresa se había metido en casa solo por un momento. Escribió que al principio se culpaba por la muerte de su hija, y que tardó mucho tiempo en dejar de hacerlo. Animó a Melissa a no culparse por lo ocurrido. Le dijo que era una gran madre, y que se trataba de un trágico accidente. Escribió que aún podía seguir habiendo alegría y felicidad en su vida, pero que tendría que elegirla, y elegirla una y otra vez cada día.

Tras leer esta carta, Melissa se derrumbó. Agarró una foto de Drew, la abrazó contra su pecho y sollozó durante horas. Dejó salir todo su dolor y sus emociones reprimidas.

Esta carta le dio esperanza. Fue el punto de inflexión en su vida, en el momento exacto en que lo necesitaba. Theresa fue su testigo empático. Se sintió escuchada y vista.

Tiró las pastillas por el desagüe.

En lugar de una nota de despedida que había planeado escribir a Devin, Melissa escribió una carta de disculpa y una promesa a su hijo. Se disculpó por haberse quedado dormida esa mañana cuando Drew murió. Se disculpó porque Devin tuviera que crecer sin un hermano.

También se disculpó por cómo había actuado en los meses posteriores a la muerte de Drew y por lo triste que había estado.

Prometió a Devin que sería la mejor madre posible para él. Le prometió que la vida sería buena. Le agradeció ser su razón para quedarse en este mundo. Se disculpó porque podría apoyarse demasiado en él en el futuro, dado que él era su razón para vivir. Desahogó su corazón.

Diez años más tarde, cuando Devin tenía trece años y en su opinión estaba preparado para leerla, Melissa le entregó la carta el día de Navidad. Aunque había guardado la carta durante diez años, había cumplido las promesas que escribió. La carta de Theresa había cambiado y salvado la vida de Melissa. Tenía sus altibajos, pero también esperanza y un propósito para seguir adelante con su vida.

Entonces ocurrió algo más.

Menos de un año después de entregar la carta a Devin, Melissa y Joey se enteraron de que la asistente de Joey había malversado millones de dólares de su empresa a lo largo de la década anterior. Mientras le interrogaba la policía, Melissa fue informada de que su marido tenía una aventura con esa misma asistente. Melissa no lo creyó.

Cuando volvió a casa una noche después de ser interrogada, dijo a Joey que le habían hecho las preguntas más locas sobre su engaño. Él no estableció contacto visual, sino que siguió viendo la televisión.

«Es verdad», le dijo.

En un instante, algo hizo clic en el cuerpo de Melissa y las palabras salieron sin control.

«¡Dios mío, estabas con ella cuando Drew murió!».

Fue como si todo su mundo se derrumbara sobre ella de golpe. El dolor era casi insoportable. Tenía el corazón roto y estaba destrozada. Recordaba haber intentado localizar a su marido toda esa mañana. Devin estaba muy enfermo y Joey no contestaba sus llamadas.

Resultó que Joey había estado engañando a Melissa durante más de doce años. En su propia culpa y vergüenza, había convertido la vida de Melissa en un auténtico infierno. Le había culpado de la muerte de Drew. Le hizo sentir como si fuese menos que basura.

Durante los siguientes dieciocho meses, Melissa estuvo ocupada lidiando con los trámites legales de la malversación y la aventura. Hacia el final del juicio, su abogado le dijo: «Cariño, llevo cuarenta años en la abogacía. No conozco a nadie con una historia como la tuya. Deberías escribir un libro sobre ello».

Se lo pensó y decidió repasar todos sus diarios, que había guardado a lo largo de su vida. Al revisar cuidadosamente sus antiguos diarios, vio a una chica que había lidiado con mucho dolor, confusión y trauma en su vida. Mientras leía los diarios, y mientras escribía y rezaba en detalle, tuvo un cambio de paradigma.

Empezó a ver su pasado de manera diferente. Durante la mayor parte de su vida, se había sentido como una víctima. Se había sentido como si Dios la hubiera maldecido. Pero al leer esos viejos diarios, y reflexionar sobre sus experiencias, vio sus experiencias previas de manera diferente. *En vez de maldiciones, vio halagos.*

«Dios realmente confía en ti», pensó para sí misma. «Todo por lo que he pasado es un cumplido gigantesco de Dios no solo por lo que puedo soportar, sino por lo que quiere que haga».

Ese es un cambio profundo y fundamental que todas las personas, incluido tú, tienen que hacer si se toman en serio la transformación extrema:

Tu pasado no te está sucediendo a ti. Tu pasado está ocurriendo para ti.

Todo en tu vida ha sucedido *para* ti.

Tú eres el beneficiario.

Has ganado mucho.

Has aprendido mucho.

Y como resultado de todo el dolor y los retos por los que has pasado, tienes un propósito poderoso.

Fue en 2011 cuando Melissa se enteró de la aventura. En 2014 empezó a escribir el libro, que fue publicado en 2016. Es una persona totalmente distinta a la que era cuando se despertó en una casa en silencio.

En sus propias palabras: «Ahora tengo un propósito. Quiero dedicar toda mi vida a ayudar a otras personas que no se sienten escuchadas».

El propósito de Melissa es lo que la impulsa, no su «personalidad». Su propósito la impulsa a hacer cosas que están muy lejos de su zona de confort. Su propósito transforma su personalidad y a ella misma.

A lo largo de los años, ha intentado contactar con Theresa, su testigo empático. Ha hecho declaraciones públicas en las redes sociales intentando contactar con ella, pero sin resultado. De todas formas, esa carta le dio esperanza y cambió su vida. Ahora el propósito de Melissa es dar esperanza a aquellos que la han perdido. Quiere compartir su historia para proporcionar a la gente el espacio para conectar con su propia voz interior. Su libro y su historia son su propia «carta» al mundo, porque fue una carta lo que le salvó la vida.

Cuando pregunté a Melissa qué era lo que más había cambiado en ella, dijo que ahora está dispuesta a involucrarse en los problemas de los demás. Antes de todas estas experiencias transformadoras, pasaba de largo ante la gente en aprietos. Estaba demasiado ocupada lidiando con sus propios problemas como para prestar atención a otras personas. Pero ahora está en una situación desde la que desea ayudar a los demás.

Cuando le pregunté quién era su yo futuro, me dijo que su yo futuro era una poderosa fuerza del bien. Ve su yo futuro como una audaz mensajera de esperanza y sanación. Se ve a sí misma inspirando y ayudando a muchas personas por todo el mundo.

Cuando le pregunté cómo habían cambiado su historia y su pasado a lo largo de los años, dijo que no tenía más que una gratitud extrema. Siente que todo ocurrió por una razón. Aunque ha pasado por un infierno, cree que todo ha valido la pena porque ahora tiene experiencias increíbles todos los días.

Recientemente, pudo hablar con una pareja que había perdido a su hija en un accidente de navegación. Tiene este tipo de conversaciones regularmente. Tiene la oportunidad de ser un testigo empático todos los días. Y para ella, ‑la de esto habría sido posible sin las experiencias que ha vivido.

Ama su pasado.

Ama su vida.

Joey y ella se han perdonado mutuamente y han seguido adelante. Cuando Melissa le dijo que quería escribir un libro, detallando todo sobre su vida y su matrimonio, él lo apoyó completamente. Como una familia, todos han hecho las paces.

Su futuro es más radiante que su pasado.

Su futuro continúa cambiando su pasado.

Ahora te toca a ti

> Has llegado hasta aquí. La pregunta es: ¿qué vas a hacer ahora? ¿Vas a ser coherente con tu yo anterior o con tu yo futuro?
>
> ¿Vas a activar las cuatro palancas de tu personalidad y a realizar un cambio radical y deseado?
>
> ¿Vas a expandirte continuamente, imaginándote y convirtiéndote en un nuevo yo futuro una y otra vez?

Hemos cubierto mucho terreno. Hemos hablado del trauma, la historia, el subconsciente y el entorno, y de cómo todas estas fuerzas pueden mantenerte atrapado en unos ciclos poco saludables y repetitivos. También hemos hablado de los mitos culturales y generalizados de la personalidad, que si los adoptas, te conducirán hacia una vida de mediocridad y «corriente».

Ahora estás equipado para aumentar tu imaginación, tu motivación, tu fe y tu valentía. Estás equipado para aceptar tu futuro y cambiar tu pasado.

A lo largo de este libro, se te han hecho decenas de preguntas. Vuelve a revisarlas y a contestarlas en tu diario. Utiliza tu diario todos los días para imaginar, diseñar, crear estrategias y conspirar para crear y vivir tus sueños más descabellados.

La personalidad no es permanente, es una elección.

Tu personalidad puede cambiar de maneras drásticas. La vida de tus sueños puede acabar convirtiéndose en algo que das por hecho, es decir, tu nueva normalidad. Una vez que llegues a tu yo futuro más descabellado e imaginativo, toma la confianza y la fe que ganes y vuelve a hacerlo, pero esta vez más grande y mejor.

La vida es un aula. Estás aquí para crecer. Estás aquí para vivir por la fe y por designio. Estás aquí. Estás aquí para elegir.

La elección es tuya.

¿Quién serás?

Agradecimientos

Escribir este libro ha sido una de las cosas más difíciles que jamás haya hecho. Mi editor, que fue increíblemente paciente conmigo a lo largo de este proceso de un año de juntar las piezas, tuvo que retrasar la fecha de publicación dos veces. Gracias a Adrian Zackheim y a todo el equipo de Portfolio por su apoyo en este libro.

Un enorme agradecimiento a Kaushik Viswanath que, mucho antes de que me convirtiese en un autor publicado o incluso tuviese un agente literario, encontró mi libro electrónico *Slipstream Time Hacking* y vio su potencial. Gracias por mantener este libro en un nivel más alto que el que yo mismo tenía para mí. Gracias por empujarme a pensar de manera correcta y clara, y nunca hacerme sentir inferior o incapaz. Hubo muchas ocasiones mientras escribía este libro en que empecé a dudar de mí mismo. Aunque posiblemente tú también lo hayas hecho, especialmente cuando empezó a parecer que esto nunca se convertiría en un libro, nunca mostraste ninguna señal de duda. Asimismo, me gustaría dar las gracias a Helen Healey, ¡que también editó el libro y me apoyó para llegar a la meta!

A Laurie Liss, gracias por ser una amiga tan hermosa. Gracias por ser mi agente y ver en mí un potencial que aún no veo por mí mismo. Gracias por mantener mi trabajo a un nivel cada vez más alto, y por ser paciente a medida que maduro como profesional. Gracias por todas las llamadas telefónicas y por tu cariño y apoyo. Estoy muy agradecido por tenerte en mi vida.

A Tucker Max, llegaste a este proyecto en un momento desesperado y esencial. Trabajar contigo mejoró mis capacidades de escritura de manera que no había experimentado en años. Hiciste que escribir este libro fuese divertido de nuevo, y me enseñaste a pensar de manera diferente y mejor como escritor. Estoy impresionado y me siento honrado de que me hayas ayudado a editar este libro y de que me guiases a través del proceso. Nunca me he divertido tanto escribiendo como cuando trabajé contigo durante las tres semanas en que redactamos el primer borrador completo. Gracias por ser un gran amigo y un mentor para mí.

A Hal Clifford, por ayudarme a organizar la estructura y el pensamiento de este libro. Me ayudaste a lograr en dos semanas lo que no había podido hacer en casi un año sin ti. El alcance y la dificultad de los conceptos de este libro hicieron que fuese muy difícil de estructurar. Durante los primeros diez meses o así, había creado probablemente más de treinta tablas de contenidos y estructuras diferentes. Ninguna de ellas me parecía adecuada. No me parecía bien cómo estaba quedando el libro, y empezaba a sentir que había perdido el contacto con lo que me había propuesto inicialmente. Pero Hal, me devolviste a mi centro y me ayudaste a plantear y estructurar mis ideas de una manera que nos permitió a Tucker y a mí fluir fácilmente a través del proceso de escritura. Gracias de nuevo.

A Vanessa O'Brien, Rosalie Clark, Andre Norman, Nate Lambert, Jane Christiansen y a Melissa Hull por dejarme utilizar vuestras historias en el libro. Sin ellas, las ideas de este libro serían menos poderosas y útiles. Gracias por permitirme haceros preguntas. Gracias por vuestra vulnerabilidad y confianza.

Al doctor Robert Sinclair, que durante la redacción de este libro me orientó y guio hasta la obtención de mi doctorado en psicología industrial y organizativa en la Universidad de Clemson. Aunque probablemente no estés de acuerdo con mucho de lo que he escrito en este libro, siempre te agradeceré en todo lo que haga. Casi me expulsan de mi programa de doctorado por los errores estúpidos que cometí y por no encajar en la estructura académica. Me has visto buscar a tientas una y otra vez y, sin embargo, me diste la oportunidad de terminar. Completar mi doctorado ha sido uno de los logros más significativos de mi vida. Básicamente, hice toda mi disertación mientras escribía este libro. No lo habría conseguido sin tu paciencia, amabilidad y ausencia de juicios hacia mí y mis objetivos. Gracias, Bob.

A Joe Polish, gracias por ser la primera pieza de dominó para tanto de lo que ha sucedido en mi vida desde 2017. Gracias por permitirme hablar en el evento anual de Genius Network. Gracias por apoyarme y ayudarme en todo lo que hago. Gracias por ser un verdadero amigo y colaborador. Gracias por ser el mayor «benefactor» que conozco. Sé que haremos un montón de proyectos E. L. F. en el futuro. ¡No puedo esperar!

A Dan Sullivan y Babs Smith, gracias por vuestra paciencia mientras escribía este libro. Tenemos un proyecto, *Who Not Now*, que tuvo que quedar suspendido mientras luchaba por este libro. En el documental *Game Changer*, sobre la vida de Dan, Babs, la cofundadora del Strategic Coach, dijo sobre él: «Tiene una manera distinta de ver el tiempo. Y ayuda a las personas a estar en su propio tiempo, y no en el tiempo que el mundo intenta imponerles. "Esta es tu ventana". "Tienes que actuar ahora". Y él dice: "No, no tienes por qué"». Yo mismo lo he experimentado. Dan, gracias por enseñarme sobre el Pensamiento 10X y las Colaboraciones 100X. Gracias por crear una Colaboración de 25 Años conmigo. Va a ser explosivo.

A Richie Norton, Richard Paul Evans, Wayne Beck, Jason Korman, Draye Redfern, Chad Willardson, Whitney Bishop, Aubrey Luddington, Eric McKibbin, Alan y Linda Burns, Ross y Krissi Allred, y a todos los que son una relación fundamental en mi vida personal y profesional: ¡*Gracias por todo vuestro amor y apoyo!* ¡Significa mucho para mí!

A Kay y Janae Anderson, gracias por haberme permitido casarme con vuestra hija. ¡Gracias por dar una oportunidad a un «Blanco»! Gracias por todo el amor y el apoyo que me habéis dado para crear mis sueños. Vuestro amor y apoyo, tanto emocional como financiero, han sido esenciales para que tuviera el éxito que he tenido. Gracias por ser personas tan increíbles en mi vida. Amo cada interacción que puedo tener con vosotros.

A mis propios padres, Philip Hardy y Susan Knight, gracias por ser mis padres. Gracias por traerme a este mundo. Gracias por amarme incondicionalmente, y por apoyarme siempre en mis metas y sueños. Gracias por ser mis mejores amigos y mis mayores animadores. Gracias por todo lo que me habéis enseñado y lo que seguís enseñándome. A Trevor y a Jacob, gracias por ser mis hermanos. Gracias por el vínculo de amor que tenemos juntos. Gracias por vuestra empatía y paciencia conmigo, como vuestro hermano mayor, especialmente durante la época más dura de nuestras vidas. No fui quien tenía que ser para vosotros. Pero mirando hacia atrás ahora, creo que todos tenemos una mejor comprensión y empatía hacia nuestro pasado. Siempre os querré.

A Lauren, gracias por ser mi mujer. Gracias por aguantar incontables noches en que me quedaba hasta tarde escribiendo o viajando. Gracias por crear y mantener el orden en nuestras vidas. Gracias por ser una roca sólida en mi vida. Gracias por tu fe, tu amor, tu generosidad, tu consideración y tu paciencia hacia mí. Mi amor por ti crece cada día. Espero poder convertirme en el hombre que te mereces y en el que me ves. A Kaleb, Jordan, Logan, Zorah y Phoebe, gracias por ser mis hijos. Gracias por ser una enorme inspiración y motivación en mi vida. Gracias por vuestra paciencia con mis imperfecciones como padre. Os quiero a todos muchísimo y me encanta ser vuestro padre. Me desafiáis a ser mejor cada día.

A mis Padres Celestiales, gracias por mi vida. Gracias por todo lo que es. Gracias por esta experiencia y por la realidad de aprender y cambiar. Sé que soy literalmente vuestro hijo, y que tengo la capacidad de llegar a ser un día como vosotros. Gracias por estar siempre conmigo. Gracias por guiarme. Gracias por todo lo que me habéis bendecido en mi vida. Gracias por transformar mi pasado y guiar mi futuro.

Notas

Epígrafe

1 Paul Gardner citado en «"Un cuadro nunca está terminado. Solo se detiene en lugares interesantes" –Paul Gardner», British International School Hanoi, 10 de octubre, 2014, nordangliaeducation.com/en/our-schools/vietnam/hanoi/bis/article/2014/10/10/a-painting-is-never-finished-it-simply-stops-in-interesting-places--paul-gardner.

Introducción: Una prueba de personalidad casi arruina mi vida

1 Taylor Hartman, *The People Code: It's All About Your Innate Motive*; Nueva York, ed. Simon & Shuster, 2007.

2 Jacob Kastrenakes, «Facebook Bans Personality Quizzes After Cambridge Analytica Scandal», *The Verge*, 25 de abril, 2019, theverge.com/2019/4/25/18516608/Facebook-personalitu-quiz-ban-cambridge-analytica.

3 Nathan W. Hudson y R. Chris Fraley, «Volitional Personality Trait Change: Can People Choose to Change Their Personality Traits?», *Journal of Personality and Social Psychology* 109, nº3 (2015):490.

4 Carl Hoefer, «Casual Determinism», en *Stanford Encyclopedia of Philosophy*, ed. Edward N. Zalta, plato.stanford.edu/entries/determinism-causal/; Kadri Vihvelin, «Arguments for Incompatibilism», in ibid., plato.stanford.edu/entries/incompatibilism-arguments/.

5 Jordi Quoidbach, Daniel T. Gilbert y Timothy D. Wilson, «The End of History Illusion», *Science* 339, nº6115 (2013): 96-98.

6 Viktor E. Frankl, *El hombre en busca del sentido*; Barcelona, ed. Herder, 2015.

7 David R. Hawkins, *El poder contra la fuerza: Los determinantes ocultos del comportamiento humano*; Carlsbad, CA, ed. Hay House, 2004.

8 J. K. Rowling, *Harry Potter y la cámara secreta*; ed. Salamandra Bolsillo, 2020; publicado originalmente en 1998.

9 Carol S. Dweck, Mindset: *La actitud del éxito*; ed. Sirio, 2016.

10 William Shakespeare, *La tempestad*, acto 2, escena 1.

11 Ashlee Vance, *Elon Musk: El empresario que anticipa el futuro*; ed. Península, col. Huellas, 2018.

12 Robert M. Pirsing, *Zen y el arte del mantenimiento de la motocicleta: Una investigación sobre los valores*; ed. Sexto Piso, 2015.

Capítulo 1: Los mitos sobre la personalidad

1 Daniel Gilbert, «La psicología de tu yo futuro», TED Talk, marzo de 2014, ted.com/talks/dan_gilbert_you_are_always _changing.

2 «Hero Mountain Climber Visits British High Commission», Diplomatic Newa Agency (DNA), agosto de 2015, 2017, dnanews.com.pk/hero -mountain-climber-visits-british-high-commission/.

3 «Mountaineering», *Guinness Book of World Records 2017* (pdf), vobonline.com/wp-content/uploads/2016/12/GWR17.pdf.

4 Gilbert, «La psicología de tu yo futuro».

5 Carl Jung, *Tipos psicológicos*; ed. Trotta, 2013, publicado originalmente en 1921.

6 Merve Emre, *The Personality Brokers: The Strange History of Myers-Briggs and the Birth of Personality Testing*; Nueva York, ed. Doubleday, 2018.

7 Emma Goldberg, «Personality Tests Are the Astrology of the Office», *The New York Times*, 17 de septiembre, 2019, nytimes.com/2019/09/17/style/personality-tests-office.html.

8 Adam Grant, «Goodbye to MBTI, the Fad that Won't Die», *Psychology Today*, 19 de septiembre, 2013, psychologytoday.com/us/blog /give-and-take/201309/goodbye-mbti-the-fad-won-t-die.

9 Grant, «Say Goodbye to MBTI, the Fad that Won't Die»; Michael Moffa, «A Critique of the Myers Briggs Type Indicator (MBTI)–Part I: One Expert's Review», Recruiter, 1 de abril, 2011, recruiter.com/i /critique-of-the-myers-briggs-type-indicator-critique/.

10 Paul Graham, «Keep Your Identity Small», paulgraham .com, febrero de 2009, paulgraham.com/identity.html.

11 William R. Miller y Stephen Rollnick, *La entrevista motivacional: Ayudar a las personas a cambiar*; ed. Paidós, 2015.

12 Ellen J. Langer, *El poder del aprendizaje consciente*; ed. Gedisa, 2009.

13 Kate Rogers citado en Theresa Fisher, «I Have Personality Test Anxiety», *Wolly*, woollymag.com/feelings/i-have -personality-test-anxiety.html.

14 Goldberg, «Personality Tests Are the Astrology of the Office».

15 Lewis R. Goldberg, «An alternative "Description of Personality": The Big-Five Factor Structure», *Journal of Personality and Social Psychology* 59, nº6 (1991): 1216.

16 Daniel Heller, Wei Qi Elaine Perunovic y Daniel Reichman, «The Future of Person-Situation Integration in the Interface Between Traits and Goals: A Bottom-up Framework», *Journal of Research in Personality* 43, nº2 (2009):171-78.

17 Daniel J. Ozer y Veronica Benet-Martinez, «Personality and the Prediction of Consequential Outcomes», *Annual Review of Psychology* 57 (2006): 401-21.

18 Nathan W. Hudson y Brent W. Roberts, «Goals to Change Personality Traits: Concurrent Links Between Personality Traits, Daily Behaviour, and Goals to Change Oneself», *Journal of Research in Personality* 53 (2014): 68-83.

19 Nathan W. Hudson y R. Chris Fraley, «Volitional Personality Trait Change: Can People Choose to Change Their Personality Traits?», *Journal of Personality and Social Psychology* 109, nº3 (2015): 490.

20 Christopher J. Soto, «Is Happiness Good for Your Personality? Concurrent and Prospective Relations of the Big Five with Subjective Well-Being», *Journal of Personality* 83, nº1 (2015):45-55; Jule Specht, Boris Egloff y Stefan C. Schmukle, «Examining Mechanisms of Personality Maturation: The Impact of Life Satisfaction on the Development of the Big Five Personality Traits», *Social Psychological and Personality Science* 4, nº2 (2013): 181-89.

21 Victor Hugo, *Los miserables*; Alianza Editorial, 2015.

22 Mathew A. Harris, Caroline E. Brett, Wendy Johnson e Ian J. Deary, «Personality Stability from Age 14 to Age 77 Years», *Psychology and Aging* 31, nº8 (2016): 862.

23 Jordi Quoidbach, Daniel T. Gilbert y Timothy D. Wilson, «The End of History Illusion», *Science* 339, nº6115 (2013): 96-98.

24 Dallim H. Oaks, «Where Will This Lead?», Church of Jesus Christ of Latter-day Saints, churchofjesuschrist.org/study/general-conference /2019/04/35oaks.

25 Hal E. Hershfield, «The Self over Time», *Current Opinion in Psychology* 26 (2019): 72-75.

26 Malcom Gladwell, podcast *Revisionist History*, revisionisthistory.com/seasons.

27 Carl Hoefer, «Causal Determinism», en *Stanford Encyclopedia of Philosophy*, ed. Edward N. Zalta, plato.stanford.edu/entries/determinism-causal/; Kadri Vihvelin, «Arguments for Incompatibilism», in ibid., plato.stanford.edu/entries/incompatibilism-arguments/.

28 BoxOfficeojo.com sobre la versión cinematográfica de *I Hope They Serve Beer in Hell* (*Espero que sirvan cerveza en el Infierno*, en español), boxofficemojo.com/release/rl140215809/.

29 Tom Bilyeu, «How to Totally Reinvent Yourself | Tucker Max on Impact Theory», YouTube, 9 de enero, 2018, youtube.com/watch?v= RJaczGjkS3w.

30 Michael Ellsberg, «Tucker Max Gives Up the Game: What Happens When a Bestselling Player Stops Playing?», *Forbes*, 18 de enero, 2012, forbes.com/sites/michaelellsberg/2012/01/18/tucker-max-gives-up-the-game/#e700de1758dd.

31 Brent D. Slife, *Time and Psycological Explanation*; Albany, ed. SUNY Press, 1993.

32 Saadi Shirazi, *The Gulistan, or Rose Garden of Sa'Di*; Londres, ed. George Allen & Unwin, 1964.

33 Marcel Proust, *La prisionera (En busca del tiempo perdido 5)*; ed. Debolsillo, 2016, publicado originalmente en 1923.

34 Todd B. Kashdan y Jonathan Rottenberg, «Psychological Flexibility as a Fundamental Aspect of Health», *Clinical Psychology Review* 30, nº7 (2010): 865-78.

35 Cal Newport, *Hazlo tan bien que no puedan ignorarte: Por qué ser competente importa más que la pasión para alcanzar el trabajo de tus sueños*; ed. Palfa, 2017.

36 Jerome S. Bruner, *On Knowing: Essays for the Left Hand*, 2ª edición; Cambridge, MA, Belknap Press of Harvard University Press, 1979).

37 Clayton Christensen, *How Will You Measure Your Life?*; Nueva York, ed. Harper Business, 2012.

38 Taylor Lorenz, «Teens Are Protesting In-Class Presentations», *Atlantic*, 12 de septiembre, 2018, theatlantic.com/education /archive/2018/09/teens-think-they-shouldnt-have-to-speak-in-front-of-the-class /570061/.

39 Adam Grant, «USU 2017 Commencement Speech – Dr. Adam Grant», YouTube, 12 de mayo, 2017, youtube.com/watch?v= YJeLTHsbSug.

Capítulo 2: La verdad sobre la personalidad

1 Paul Arden, *It's Not How Good You Are, It's How Good You Want to Be*; Nueva York, ed. Phaidon, 2003.

2 *Euthyphro, Apology of Socrates, and Crito*, ed. John Burnet (Oxford: Clarendon Press, 1977). Ed. española: Platón, *Diálogos* I: *Apología de Sócrates, Critón, Eutifrón…*, Madrid: ed. Gredos, 1981, 2008[9].

3 Patrick Cole, «David Bouley, Charlie Trotter to Cook for Disabled Kids», *Bloomberg*, 30 de mayo de 2012, bloomberg.com/news/articles /2012-05-31/david-bouley-charlie-trotter-to-cook-for-disabled-kids.

4 David Brooks, «The Man Wishes He Were Here», *The New York Times*, 29 de agosto de 2019, nytimes.com/2019/08/29/opinion/jim-mattis-trump.html.

5 Colin Wilson, *New Pathways in Psicology: Maslow and the Post-Freudian Revolution*; London, ed. Victor Gallancz, 1972.

6 Albert Einstein citado en el libro de Alice Calaprice, *The Expanded Quotable Einstein*; Princeton, NJ, Princeton University Press, 2000.

7 Thomas Suddendorf, Melissa Brinums y Kana Imuta, «Shaping One's Future Self – The Development of Deliberate Practice», en *Seeing the Future: Theoretical Perspectives on Future-Oriented Mental Time Travel*, ed. Kourken Michaelian, Stanley B. Klein y Karl K. Szpunar, 343-66 (Nueva York: Oxford University Press, 2016).

8 Matthew McConaughey, «Matthew McConaughey Winning Best Actor», YouTube, 11 de marzo de 2014, youtube.com/watch?v=wD2cVhC -63I.

9 Hal Elrod, *La fórmula milagrosa: Convierte tus objetivos en algo inevitable*; *Nueva* York, ed. Harmony Books, 2019.

10 Peter Thiel con Blake Masters, *De cero a uno: Consejos para startups o cómo inventar el futuro*; ed. Gestión 2000, Grupo Planeta, 2015.

11 Wendelien Van Eerde y Henk Thierry, «Vroom's Expectancy Models and Work-Related Criteria: A Meta-analysis», *Journal of Applied Psychology* 81, nº5 (1996): 575.

12 C. R. Snyder, Kevin L. Rand y David R. Sigmon, «Hope Theory: A Member of the Positive Psychology Family» en *Handbook of Positive Psychology*, ed. C. R. Snyder and Shane Lopez, 257-76 (Nueva York: Oxford University Press, 2002).

13 Jim Dethmer, Diana Chapman y Kaley Klemp, *The 15 Commitments of Conscious Leadership: A New Paradigm for Sustainable Success*; ed. Conscious Leadership Group, 2015.

14 John Assaraf. Recuperado en diciembre de 2019 en lewishowes.com/podcast/john-assaraf/.

15 Roy F. Baumeister y John Tierney, *Willpower: Rediscovering the Greatest Human Strenght*; Nueva York, ed. Penguin, 2012.

16 Abraham H. Maslow, «Peak Experiences as Acute Identity Experiences», *American Journal of Psychoanalysis* 21, nº2 (1961): 254-62.

17 Abraham H. Maslow, *Religions, Values, and Peak Experiences*; Colombus, Ohio State University Press, 1964.

18 Ellen J. Langer, *El poder del aprendizaje consciente*; Boston, ed. Lifelong Books/A Meryloyd Lawrance Book, 2016; publicado originalmente en 1997.

19 Daphna Shohamy, «Learning from Experience: How Our Brains Remember the Past and Shape Our Future», Youtube, 17 de abril de 2016, youtube.com/watch?v=vCPtpXaH5Zw.

20 R. N. Carlton, «Fear of the Unknown: One Fear to Rule Them All?», *Journal of Anxiety Disorders* 41 (2016): 5-21.

21 G. Elliot Wimmer, Erin Kendall Braun, Nathaniel D. Draw y Daphna Shohamy, «Episodic Memory Encoding Interferes with Reward Learning and Decreases Striatal Prediction Errors», *Journal of Neuroscience* 34, nº45 (2014): 14901-12.

22 Thomas Suddendorf, Melissa Brinums y Kana Imuta, «Shaping One's Future Self – The Development of Deliberate Practice», en *Seeing the Future: Theoretical Perspectives on Future-Oriented Mental Time Travel.*

23 Philip C. Watkins, Kathrane Woodward, Tamara Stone y Russell L. Kolts, «Gratitude and Happiness: Development of a Measure of Gratitude, and Relationship with Subjective Well-Being», *Social Behavior and Personality: An International Journal* 31, nº5 (2003): 231-51.

24 Laura Redwine et al., «A Pilot Randomized Study of a Gratitude Journaling Intervention on HRV and Inflammatory Biomarkers in Stage B Heart Failure Patients», *Psychosomatic Medicine* 78, nº6 (2016): 667.

25 Joe Burrow, entrevista con ESPN, 6 de enero de 2020, youtube.com/watch?-v=O-CJBHcAUOM.

Capítulo 3: Transforma tu trauma

1 Bessel van der Kolk, *El cuerpo lleva la cuenta: cerebro, mente y cuerpo en la superación del trauma*; ed. Eleftheria, 2020.

2 Steven Pressfield, *La guerra del arte: Rompe las barreras y vence tus batallas creativas internas*; Nueva York, ed. Black Irish Entertainment LLC, 2002.

3 Jennifer Ruef, «Think You're Bad at Math? You May Suffer from "Math Trauma"», *The Conversation*, 1 de noviembre de 2018, theconversation.com/think-youre-bad-at-math-you-may-suffer-from-math -trauma-104209.

4 Bessel van der Kolk, *El cuerpo lleva la cuenta: cerebro, mente y cuerpo en la superación del trauma*; ed. Eleftheria, 2020.

5 Carol S. Dweck, *Mindset: La actitud del éxito*; ed. Sirio, S. A., 2016.

6 Benzion Chanowitz y Ellen J. Langer, «Premature Cognitive Commitment», *Journal of Personality and Social Psychology* 41, nº6 (1981): 1051.

7 Carol S. Dweck, *Mindset: La actitud del éxito*.

8 Robert Brault, *Round Up the Usual Subjects: Thought on Just About Everything*; CreateSpace, 2014.

9 Gabor Maté, *In the Realm of Hungry Ghosts: Close Encounters with Addiction*; Berkley, CA, ed. North Atlantic Books, 2011.

10 Michael Singer, *La liberación del alma: El viaje más allá de ti*; ed. Gaia ediciones, col. Advaita, 2014.

11 Kobe Bryant, *Mentalidad mamba: Los secretos de mi éxito*; ed. Planeta, 2019.

12 Joe Dispenza, «How to Unlock the Full Potential of Your Mind | Dr. Joe Dispenza on Impact Theory», YouTube, 12 de junio de 2018, youtube.com/watch?v=La9oLLoI5Rc.

13 Peter A. Levine y Ann Frederick, *Walking the Tiger: Healing Trauma*; Berkley, CA, ed. North Atlantic Books, 1997.

14 National Sexual Violence Resource Center, «Statistics About Sexual Violence», nsvrc.org/sites/default/files/publications_nsvrc_factsheet_media-packet_statistics-about-sexual-violence_0.pdf.

15 Citado en *Reader's Digest* 37, nº221 (septiembre, 1940): 84.

16 Joan Frances Casey y Lynn I. Wilson, *The Flock: The Autobiography of a Multiple Personality* (Nueva York: Ballantine, 1992).

17 Tim Ferris, «Lisa Ling–Exploring Subcultures, Learning to Feel, and Changing Perception (#388)», *Tim Ferriss Blog*, tim.blog/2019/09/26 /lisa-ling/.

18 Henry Eyring, «Try, Try, Try», Church of Jesus Christ of Latter-day Saints, churchofjesuschrist.org/study/general-conference /2018/10/try-try-try.

19 David L. Cooperrider y Diana Whitney, *Appreciative Inquiry: A Positive Revolution in Change*; San Francisco, CA, ed. Berrett-Koehler, 2005.

Capítulo 4: Cambia tu historia

1 Gordon Livingston, *Too Soon Old, Too Late Smart: Thirty True Things You Need to Know Now*; Boston, ed. Lifelong Books, 2009.

2 Buzz Aldrin y Ken Abraham, *Magnificent Desolation: The Long Journey Home from the Moon*; Nueva York, ed. Three Rivers Press, 2010.

3 «The Jump: Rachel Nichols Interviews Giannis Antetokounmpo», YouTube, 22 de julio de 2019, youtube.com/watch?v=e3yh284Fkok.

4 Dan Sullivan y Catherine Nomura, *¿Quién te dijo que no podías?*; ed. Taller del Éxito, Inc., Florida, 2018.

5 Roy F. Baumeister, *Meanings of Life*; Nueva York, ed. Guilford Press, 1991.

6 Crystal L. Park, «Making Sense of the Meaning Literature: An Integrative Review of Meaning Making and Its Effects on Adjustment to Stressful Life Events», *Psychological Bulletin* 136, nº2 (2010): 257.

7 Stephen R. Covey, *Los 7 hábitos de la gente altamente efectiva: La revolución ética en la vida cotidiana y en la empresa*; ed. Paidós, 2015.

8 Alicia A. Grandey, «Emotional Regulation in the Workplace: A New Way to Conceptualize Emotional Labor», *Journal of Occupational Health Psychology* 5, nº1 (2000): 95.

9 Dan P. McAdams y Kate C. McLean, «Narrative Identity», *Current Directions in Psychological Science* 22, nº3 (2013): 233-38.

10 Dan Sullivan, *The Gap and the Gain*, Strategic Coach, now.strategiccoach.com/the-gap-and-the-gain-ebook.

11 Russell Baker, *Growing Up*; Nueva York, ed. RosettaBooks, 2011, publicado originalmente en 1982.

12 Gordon Livingston, *Too Soon Old, Too Late Smart: Thirty True Things You Need to Know Now.*

13 D. J. Bridge y K. A. Paller, «Neural Correlates of Reactivation and Revival-Induced Distortion», *Journal of Neuroscience* 32, nº 35 (2012): 12144-51.

14 Kamal Ravikant, *Ámate cómo si tu vida dependiera de ello*; ed. HaperCollins *Español*, 2020.

15 Clayton Christensen, *How Will You Measure Your Life?*; Nueva York, ed. Harper Business, 2012.

16 Paul Arden, *Usted puede ser lo bueno que quiera ser*; ed. Phaidon Press Limited, 2019.

17 Lin-Manuel Miranda, Alex Lacamoire y Ron Chernow, *Hamilton: An American Music* (Atlantic Recording Corporation, 2015).

Capítulo 5: Mejora tu subconsciente

1 John E. Sarno, *Libérese del dolor de espalda*; ed. Sirio, 2010.

2 Bessel van der Kolk, *El cuerpo lleva la cuenta: cerebro, mente y cuerpo en la superación del trauma*; ed. Eleftheria, 2020.

3 Steven Cole citado por David Dobbs, «The Social Life of Genes», *Pacific Standard,* 3 de septiembre de 2013, psmag.com/social-justice/the -social-life-of-genes-64616.

4 Candance B. Pert, *Molecules of Emotion: Why You Feel the Way You Feel*; Nueva York, ed. Simon & Schuster, 1997.

5 Joe Dispenza, *Deja de ser tú: La mente crea la realidad*; Barcelona, ed. Ediciones Urano S.A., 2012.

6 Gay Hendricks, *Tu gran salto: Conquista tus miedos ocultos y lleva tu vida al siguiente nivel*; Madrid, ed. Faro, 2020.

7 Candice B. Pert, «Your Body is Your Subconscious Mind», CD audio; Louisville, CO, ed. Sounds True, 2004.

8 John E. Sarno, *Libérese del dolor de espalda.*

9 Steven Ray Ozanich, *La gran farsa del dolor: Los consejos médicos poco acertados solo lo agravan*, 1ª edición; Warren, OH, ed. Silver Cord Records, 2011.

10 Bessel van der Kolk, *El cuerpo lleva la cuenta: cerebro, mente y cuerpo en la superación del trauma.*

11 Benjamin Franklin en Tryon Edwards (ed.), *A Dictionary of Thoughts*; Detroit, MI, ed. F. B. Dickerson Co., 1907; 339.

12 «Dr. Cinque's Facts about Fasting», recuperado en diciembre de 2019 en drcinque.com/facts.html.

13 J. L. Chang, J. E. Mietus, P. M. Raciti, A. L. Goldberger y C. S. Mantzoros, «Short-term Fasting-induced Autonomic Activation and Changes in Catecholamine Levels Are Not Mediated by Changes in Leptin Levels in Healthy Humans», *Clinical Endocrinology* 66, nº1 (2006): 49-57.

14 B. Martin, M. P. Mattson y S. Maudsley, «Caloric Restriction and Intermittent Fasting: Two Potential Diets for Successful Brain Aging», *Ageing Research Reviews* 5, nº3 (2006): 332-53.

15 B.D. Horne, C. Bartholomew, J. L. Anderson, H. T. May, K. U. Knowlton, T. L. Bair y J. B. Muhlestein, «Intermittent Fasting Lifestyle and Human Longetivity in Cardiac Catheterization Populations», *Circulation* 140, nº suppl_1 (2019): A11123.

16 R. Singh, S. Manchanda, T. Kaur, S. Kumar, D. Lakhanpal, S. S. Lakhman y G. Kaur, «Middle Age Onset Short-Term Intermittent Fasting Dietary Restriction Prevents Brain Function Impairments in Male Wistar Rats», *Biogerontology* 16, nº6 (2015): 775-88.

17 J. B. Johnson, W. Summer, R. G. Cutler, B. Martin, D-H Hyun, V. D. Dixit, M. Pearson, M. Nassar, R. Tellejohan, S. Maudsley, O. Carlson, S. John, D. R. Laub y M. R. Mattson, «Alternate Day Calorie Restriction Improves Clinical Findings and Reduces Markers of Oxidative Stress and Inflammation in Overweight Adults with Moderate Asthma», *Free Radical Biology and Medicine* 42, nº5 (2007): 665–74.

18 A. Michalsen, F. Schlegel, A. Rodenbeck, R. Lüdtke, G. Huether, H. Teschler, and G. J. Dobos, «Effects of Short-Term Modified Fasting on Sleep Patterns and Daytime Vigilance in Non-Obese Subjects: Results of a Pilot Study», *Annals of Nutrition and Metabolism* 47, nº5 (2003): 194–200.

19 Á. Fontán-Lozano, J. L. Sáez-Cassanelli, M. C. Inda, M. de los Santos-Arteaga, S. A. Sierra-Domínguez, G. López-Lluch, G. y Á. M. Carrión, «Caloric Restriction Increases Learning Consolidation and Facilitates Synaptic Plasticity Through Mechanisms Dependent on NR2B Subunits of the NMDA Receptor», *Journal of Neuroscience* 27, nº38 (2007): 10185–95.

20 T. L. Horvath y S. Diano, «The Floating Blueprint of Hypothalamic Feeding Circuits», *Nature Reviews Neuroscience* 5, nº8 (2004): 662–67.

21 Gladwell, Malcom; *The Tim Ferriss Show Transcripts: Malcolm Gladwell* (#168). Recuperado en diciembre de 2019 en tim.blog/2018/06/01 /the-tim-ferriss-show-transcripts-malcolm-gladwell/.

22 Rabino Daniel Lapin, *Thou Shall Prosper: Ten Commandments for Making Money*; Hoboken, NJ, ed. John Wiley & Sons, 2009.

23 W. T. Harbaugh, U. Mayr y D. R. Burghart, «Neural Responses to Taxation and Voluntary Giving Reveal Motives for Charitable Donations», *Science* 316 (5831): 1622–25.

24 E. W. Dunn, L. B. Aknin y M. I. Norton, «Spending Money on Others Promotes Happiness», *Science* 319, nº5870 (2008): 1687–88.

25 Shawn Achor, *The Happiness Advantage: The Seven Principles That Fuel Success and Performance at Work*; London, ed. Virgin, 2011.

26 Wendy Watson Nelson, «Becoming the Person You Were Born to Be», Church of Jesus Christ of Latter-day Saints, 10 de enero de 2016, churchofjesuschrist.org/broadcasts/article/worldwide-devotionals/2016/01/becoming-the-person-you-were-born-to-be?lang=eng.

27 Mark Victor Hansen y Robert G. Allen, *Millonario en un minuto*; Madrid, ed. Temas De Hoy, 2003.

Capítulo 6: Rediseña tu entorno

1 Bruce H. Lipton, *La biología de la creencia: La liberación del poder de la conciencia, la materia y los milagros*; ed. La Esfera de los Libros, 2016.

2 Ellen J. Langer, *Atrasa tu reloj: El poder de la posibilidad aplicado a la salud*; Barcelona, ed. Rigden, 2010.

3 William Shakespeare, *Como gustéis*, acto 2, escena 7.

4 Lee Ross y Richard E. Nisbett, *The Person and the Situation: Perspectives of Social Psychology*; Londres, ed. Pinter & Martin, 2011; publicado originalmente en 1991.

5 Brent D. Slife y Bradford J. Wiggins, «Taking Relationship Seriously in Psychotherapy: Radical Relationality», *Journal of Contemporary Psychotherapy* 39, nº1 (2009): 17.

6 Brent D. Slife, «Taking Practice Seriously: Toward a Relational Ontology», *Journal of Theoretical and Philosophical Psychology* 24, nº2 (2004): 157; Brent D. Slife y Frank C. Richardson, «Problematic Ontological Underpinnings of Positive Psychology: A Strong Relational Alternative», *Theory and Psychology* 18, nº5 (2008): 699–723.

7 Gina Tomé et al., «How Can Peer Group Influence the Behavior of Adolescents: Explanatory Model», *Global Journal of Health Science* 4, nº2 (2012): 26.

8 Rachid Laajaj et al., «Challenges to Capture the Big Five Personality Traits in Non-WEIRD Populations», *Science Advances* 5, nº7 (2019): eaaw5226.

9 Christopher Soto, «The Famous Big 5 Personality Test Might Not Reveal the True You», NPR, 10 de julio de 2019, npr.org/sections/goatsandsoda/2019/07/10/740214086/the-famous-big-5-personality-test-might-not-reveal-the-true-you.

10 James Whistler citado por Sterling W. Sill, «Great Experiences», Church of Jesus Christ of Latter-day Saints, churchofjesuschrist.org/study/general-conference/1971/04/great-experiences.

11 Meredith Wilson, *The Music Man* (1957).

12 Zig Ziglar, *Metas*; ed. Taller del Éxito, 2005.

13 Barry Schwartz, *The Paradox of Choice: Why More is Less*; Nueva York, ed. Ecco, 2004.

14 Tim Ferris, «Jason Fried—How to Live Life on Your Own Terms (#329)», *Tim Ferriss Blog*, tim.blog/2018/07/23/jason -fried/.

15 Peter Diamandis, «What the News Media Won't Tell You About Global Violence», diamandis.com/blog/what-the-news-media-wont -tell-you-about-global-violence.

16 Will Durant y Ariel Durant, *The Lessons of History*; Nueva York, ed. Simon & Shuster, 2012; originalmente publicado en 1968.

17 Christina Tosi, *Chef's Table*, Netflix, www.netflix.com/title/80007945.

18 Herman J. Damveld, Gijs C. Beerens, Marinus M. Van Paassen y Max Mulder, «Design of Forcing Functions for the Identification of Human Control Behavior», *Journal of Guidance, Control, and Dynamics* 33, nº4 (2010): 1064–81.

19 Steven Kotler, *The Rise of Superman: Decoding the Science of Ultimate Human Performance*, ed. Houghton Mifflin Harcourt, Nueva York, 2014.

20 Marshall Goldsmith y Mark Reiter, *Triggers: Creating Behaviour That Lasts – Becoming the Person You Want to Be*; Nueva York, ed. Crown Business, 2015.

21 *Wayne W. Dyer, Your Erroneous Zones* (audio); Nueva York, ed. Funk & Wagnalls, 1976.

Conclusión: Acepta tu futuro para cambiar tu pasado

1 Byron Katie y Stephen Mitchell, *Amar lo que es: Cuatro preguntas que pueden cambiar tu vida*; ed. Books4Pocket, 2009.

Índice analítico

D

E

F

G

H

I

J

L

M

N

O

R

S

T

V

W

Y

Z